O SUICÍDIO DE ANA

Desejo a você que comprou este livro, paz, saúde, amor e muita felicidade, são meus sinceros votos. Espero que este livro lhe auxilie a compreender melhor a sua vida, nesta vida!

Osmar Barbosa

O que levaria uma jovem de 19 anos cometer suicídio?...

O SUICÍDIO DE ANA

OSMAR BARBOSA

pelos Espíritos NINA BRESTONINI *e* LUCAS

O autor cedeu os direitos autorais deste livro à
Fraternidade Espírita Amor e Caridade.
www.hospitalamorecaridade.org

O SUICÍDIO DE ANA

Book Espírita Editora
1ª Edição
| Rio de Janeiro | 2021 |

Osmar Barbosa

pelos Espíritos Nina Brestonini *e* Lucas

BOOK ESPÍRITA EDITORA

Capa
Marco Mancen

Projeto Gráfico e Diagramação
Marco Mancen Design

Imagem capa
Depositphotos

Revisão
Camila Coutinho

Marketing e Comercial
Michelle Santos

**Pedidos de Livros e
Contato Editorial**
comercial@bookespirita.com.br

Copyright © 2021 by
BOOK ESPÍRITA EDITORA
Região Oceânica, Niterói,
Rio de Janeiro.

1ª edição
Prefixo Editorial: 991053
Impresso no Brasil

Dados Internacionais de Catalogação na Publicação (CIP)
(Câmara Brasileira do Livro, SP, Brasil)

Brestonini, Nina (Espírito)
   O que levaria uma jovem de 19 anos cometer
suicídio? : o suicídio de Ana / ditado pelos
Espíritos Nina Brestonini, Lucas ; [psicografia de]
Osmar Barbosa. -- 1. ed. -- Niterói, RJ : Book
Espírita Editora, 2021.

   ISBN 978-65-89628-16-3

   1. Espiritismo 2. Psicografia 3. Suicídio 4.
Suicídio - Aspectos religiosos I. Lucas. II. Barbosa,
Osmar. III. Título.

21-72508   CDD-133.93

Índices para catálogo sistemático:

1. Psicografia : Espiritismo 133.93

Aline Graziele Benitez - Bibliotecária - CRB-1/3129

Todos os direitos reservados e protegidos pela Lei 9.610, de 19/02/1998. Nenhuma parte deste livro pode ser reproduzida ou transmitida por quaisquer formas ou meios eletrônicos ou mecânicos, incluindo fotocópia, gravação, digitação, entre outros, sem permissão expressa, por escrito, dos editores.

Outros livros psicografados por Osmar Barbosa

Cinco Dias no Umbral

Gitano - As Vidas do Cigano Rodrigo

O Guardião da Luz

Orai & Vigiai

Colônia Espiritual Amor e Caridade

Ondas da Vida

Antes que a Morte nos Separe

Além do Ser - A História de um Suicida

A Batalha dos Iluminados

Joana D'Arc - O Amor Venceu

Eu Sou Exu

500 Almas

Cinco Dias no Umbral - O Resgate

Entre nossas Vidas

O Amanhã nos Pertence

O Lado Azul da Vida

Mãe, Voltei!

Depois...

O Lado Oculto da Vida

Entrevista com Espíritos - Os Bastidores
do Centro Espírita

Colônia Espiritual Amor e Caridade - Dias de Luz

O Médico de Deus

Amigo Fiel

Impuros - A Legião de Exus

Vinde à Mim

Autismo - A escolha de Nicolas

Umbanda para Iniciantes

Parafraseando Chico Xavier

Cinco Dias no Umbral - O Perdão

Acordei no Umbral

A Rosa do Cairo

Deixe-me Nascer

Obssessor

Regeneração – Uma Nova Era

Deametria – Hospital Amor e Caridade

A Vida depois da Morte

Deametria – A Desobsessão Modernizada

Conheça um pouco mais de Osmar Barbosa:
www.osmarbarbosa.com.br

"
A missão do médium é o livro.
O livro é chuva que fertiliza lavouras imensas,
alcançando milhões de almas.
"

Emmanuel

Sumário

15 | PREFÁCIO

37 | LUCAS

51 | VALE DOS SUICIDAS

69 | WALMIR

83 | ANA

93 | POSTO DE SOCORRO E ATENDIMENTO
AMOR E CARIDADE

109 | UM POUCO MAIS SOBRE O UMBRAL

135 | O RESGATE DE LÍVIA

165 | DRA. RAQUEL

181 | OBSESSORES E MAGOS NEGROS

191 | O RESGATE DE ANA

201 | UMA NOVA VIDA

"

*Não se turbe o vosso coração; credes em Deus,
crede também em mim.
Na casa de meu Pai há muitas moradas; se não
fosse assim, eu vo-lo teria dito.
Vou preparar-vos lugar.
E quando eu for, e vos preparar lugar, virei outra vez,
e vos levarei para mim mesmo, para que onde
eu estiver estejais vós também.
Mesmo vós sabeis para onde vou,
e conhecei o caminho.
Disse Tomé: Senhor, nós não sabemos para onde vais;
e como podemos saber o caminho?
Disse-lhe Jesus: Eu sou o caminho, e a verdade e a
vida; ninguém vem ao Pai, senão por mim.*

"

João 14 1:6

Prefácio

Quando estávamos escrevendo o livro *A Vida Depois da Morte*, Nina nos alertou que o suicídio é a pior decisão que um espírito pode tomar enquanto encarnado, e que é lamentável quando decidimos pôr um fim a nossa encarnação.

Mas, que fim é esse, se a vida não termina com essa vida?

Nina disse naquela ocasião, que Lucas e ela, me dariam a oportunidade de escrever mais uma obra sobre o suicídio. O primeiro livro que escrevi sobre o tema foi no ano de 2016, o título é *Além do Ser – A História de um Suicida*.

No livro *A Vida Depois da Morte*, ela e os demais espíritos da psicografia nos revelaram o que acontece conosco depois da vida terrena, e no final do livro, Nina deixa bem claro que o suicida tem um caminho totalmente diferente daquele que nos foi revelado nos três desencarnes acompanhados naquela obra.

Curioso – e acho que essa curiosidade é intuída pelos espíritos – eu questionei sobre o que acontece com os suicidas, foi quando ela me prometeu que junto a Lucas, trariam uma psicografia respondendo as minhas dúvidas e, principalmente, a todos os meus questionamentos sobre o suicídio.

O SUICÍDIO DE ANA

Alguns dias após o término da psicografia do livro *A Vida Depois da Morte*, encontrei-me novamente com a Nina nos jardins da Colônia Espiritual Amor e Caridade, e a nossa conversa começou a partir de um desabafo meu. Estávamos escrevendo o livro *Cinco Dias no Umbral – O Limite*, quando questionei Nina, e ela me convidou a visitar a vida de Ana, personagem que iremos relatar nessa psicografia.

Eu tinha sido levado à Colônia pelo Lucas. Ele disse que Nina precisava conversar comigo, e foi assim que tudo começou, eu nem imaginava que escreveríamos esse livro.

Mas, antes, devo explicar a você que está lendo as minhas obras pela primeira vez, que todos os livros que psicografo, os faço em desdobramento.

O desdobramento é um dos vários tipos de mediunidade que alguns médiuns têm.

Eu possuo algumas e as que mais exerço são: Psicofonia, vidência, psicografia e desdobramento.

Todas elas estão muito bem explicadas em todos os livros os quais tive a honra de escrever sempre ao lado dos amigos espirituais da Colônia Espiritual Amor e Caridade. Mas vamos ao diálogo que tive com a Nina quando cheguei à Colônia.

– Oi, Nina!

– Oi, Osmar, você está bem?

– Sim, só gostaria de conversar um pouco com você antes de saber o que é que você quer falar comigo. Desculpe-me, mas eu preciso esclarecer algumas dúvidas que carrego comigo. Ando ansioso por respostas.

– Sem problema, Osmar. Só para adiantar, nosso assunto é sobre o livro novo, o quarto livro das missões de *Cinco Dias no Umbral*.

– Imaginei que fosse isso, pois já iniciamos essa psicografia. Mas, você pode me tirar algumas dúvidas sobre outras coisas?

– Sim, claro.

– Nina, você sabe que a minha vida nunca foi fácil. O fato de estar encarnado e ainda estar preso à vida terrena, faz com que eu tenha muitos questionamentos e incertezas, e eu gostaria de expor essas dúvidas a você, saber a sua opinião e, quem sabe, receber alguns conselhos. Tenho certeza de que esses meus questionamentos são também de muitos dos meus leitores e amigos.

– Pode começar. – disse ela, gentilmente.

Nina abriu um lindo sorriso naquele momento.

Gente, eu sei que não deveria dizer isso, mas além de ser um espírito muito iluminado, a Nina é de uma beleza rara.

Ela tem, aproximadamente, 1,65 de altura, é ruiva de cabelos cacheados sobre os ombros, sua pele é bem clarinha e seu rosto é coberto com pequenas sardas que iluminam seu verde olhar. Dentes claros e lábios carnudos. Extremamente simpática e carinhosa com todos os que a procuram.

Essa é a nossa querida Nina Brestonini.

O SUICÍDIO DE ANA

Assim, após o meu coração se acalmar, iniciei as minhas perguntas.

Eu estava muito preocupado e sem saber qual seria a sua reação diante a minha imperfeição. Foi quando ela pegou em minha mão e disse:

– Tenha calma, pois eu já sei praticamente tudo o que você vai me perguntar. Não se preocupe. Fique calmo, sereno e faças as suas perguntas.

Tomei fôlego e comecei...

– Nina, eu me tornei espírita muito jovem e foi, principalmente, devido às experiências que vivi até um determinado momento da minha vida.

Foi durante a juventude que me encontrei dentro dessa religião que hoje me completa. Confesso que eu não consigo me enxergar em outro caminho, e acho, sinceramente, que não há outro caminho.

Porém, tudo isso aconteceu principalmente pelos meus questionamentos sobre quem sou, de onde vim e para onde vou.

Eu sempre soube que não sou uma pessoa normal, digo isso, porque desde menino me relaciono com espíritos e, sinceramente, eu acho que todos deveriam se perguntar ... quem sou eu?

E foi na vasta literatura espírita, Nina, que eu encontrei todas as respostas para os meus mais íntimos questionamentos naquela época. Você sabe disso?

– Sim, nós estamos acompanhando você já há algum tempo.

– Na verdade, eu sempre soube que vocês estavam ao meu lado, eu só não os conhecia como conheço hoje. E sou muito grato a vocês por tudo o que recebo e consigo passar adiante. Agradeço a cada segundo ao seu lado, Nina, e a todos os ensinamentos que recebo e partilho com nossos leitores.

Eu tenho certeza que um dia, alguns questionamentos que ainda tenho serão todos respondidos.

– Pode prosseguir, Osmar. Vamos conversar agora sobre esses questionamentos que você ainda tem, o que acha?

– Eu acho ótimo.

– Então, prossiga...

– Ok, vamos lá.

No começo, tudo o que eu aprendi sobre espiritismo, espíritos e todos os fenômenos mediúnicos, foi adquirido principalmente nas obras de Chico Xavier e na Codificação Espírita, assim, após anos de estudo e dedicação, eu realmente me tornei o que sou hoje.

Eu sei que é muito difícil processar em mim, as mudanças necessárias para a minha perfeição. As mudanças necessárias a todos os espíritos encarnados. Sei também, que o caminho ao qual escolhi e acredito não é fácil, nunca foi e nunca será.

Estamos na busca constante da verdade, Nina. Somos viajores iludidos com as nossas crendices e, sobretudo, com o nosso ego.

O SUICÍDIO DE ANA

Tudo o que é nosso tem que ser melhor que o do outro. Eu não sei se isso é uma virtude, ou se na verdade, é um grande defeito.

Eu sei mais... eu sou mais... eu quero assim... eu acredito assim... e por aí vamos nos perdendo nos labirintos da vaidade e nos tornando aquilo que ninguém deveria ser, fazendo de pessoas e vidas, joguetes em nossas mãos.

Só ajudamos verdadeiramente aquelas pessoas que pensam como nós, que aceitam nossas imposições e que vivem atrás de nós por serem dependentes do nosso dinheiro, ou daquilo que proporcionamos a elas.

Desta maneira, nos afastamos cada vez mais do amor ao outro. Quanto mais temos (materialmente), mais seguidores das nossas vaidades e caprichos vamos angariando em nossa caminhada terrena.

Eu penso que se a vida terminasse com uma vida apenas, certamente viveríamos em um lugar muito diferente daquele que vivemos hoje.

– Certamente, Osmar. – disse a iluminada Nina.

– Nossas relações seriam totalmente diferentes. Acredito que seriam de despedidas diárias.

Mas não é assim. O que temos são experiências a cada segundo da curta existência terrena. Cada dia é uma página em branco, e o que escrevemos nela, é de nossa inteira responsabilidade, como nos alertou sabiamente o nosso querido e amado Chico Xavier.

Isso é "benção renovadora", costumo dizer.

Todos os nossos erros podem ser reparados. A nossa atual ignorância intelectual é instrumento propulsor, é o que não nos deixa desistir, mas mesmo assim, vejo pessoas se suicidando, crianças se suicidando, jovens se suicidando... por que isso está acontecendo em tão grande número, Nina?

– Continue a sua colocação, que eu vou te responder. – disse a iluminada.

– Nina, eu tenho certeza que somos aquilo que escolhemos ser. Somos o resultado de nossos pensamentos, de nossas atitudes e, principalmente, de nossas escolhas, mas claro, tudo isso quando estamos encarnados.

Acredito que na vida espiritual tudo seja bem diferente, já que teremos a compreensão de muitas coisas que fizemos, em especial das provas que experimentamos para a nossa evolução. Das centenas de experiências e oportunidades que recebemos do nosso Pai, para que alcancemos o nosso objetivo espiritual.

São as escolhas que nos definem, Nina, é isso o que eu penso, é nisso que eu acredito.

Escolhemos viver sem nos responsabilizar por tudo o que cremos e fazemos, essa é a grande verdade. É preferível ser guiado por algum pensador em vez de estudar, questionar, vivenciar, experimentar, sofrer, imergir em nosso próprio eu, e dele tirar todas as respostas para o nosso existir.

Quantas mensagens ainda precisamos receber do Altíssimo para olharmos para dentro de nós e ver que todas as respostas estão impregnadas em nosso ser espiritual?

Precisamos de mais quantos ensinamentos, livros, lições e aprendizados para nos compreender como exatamente somos?

Somos um nada?

Ou somos a criatura mais importante desse Universo?

O que é mais importante para Deus?

Se acreditamos que somos a criatura mais importante do Universo, por que atentamos contra a nossa própria vida?

Por que desistimos diante do primeiro desafio, ou quando perdemos aquilo que conquistamos trabalhando, vivendo a vida, ou quando perdemos alguém muito querido?

Por que fugimos das nossas responsabilidades ante as incertezas que se apresentam em nossa caminhada terrena?

O mundo é prova?

As pessoas são provas?

A vida é uma prova curta e fácil de resolver, eu penso...

Basta que as pessoas creiam, deste modo, é fácil sim.

Tudo o que acontece conosco tem um motivo, uma razão e um objetivo, Nina, é assim que eu penso, é assim que vocês nos ensinam todos os dias.

Estamos colhendo nas oportunidades aquilo que chamamos de vida, o fruto da semeadura das vidas anteriores, pois é através das provas que aperfeiçoamos o espírito, e esse é o desejo de quem nos criou, a perfeição... destino de todos os espíritos.

Naquele momento, Nina me interrompeu e disse:

– Osmar, vocês até podem não querer acreditar nessas realidades agora, mas vocês vão acreditar quando tudo isso se tornar realidade diante de seus olhos, no seu despertar espiritual, no dia em que, finalmente, terminarem as suas experiências terrenas. – disse ela, calmamente.

Nina então prosseguiu:

– Osmar, por fim, quando chegamos ao destino de todos nós, a primeira coisa que descobrimos é que a morte não existe. A morte existe apenas para o corpo que fica, e o espírito, criado por Deus, é eterno. Eu mesma já passei por isso algumas vezes. Expiei, experimentei e estou evoluindo.

Logo que se conscientizarem disso, vocês se arrependerão, talvez por não terem prestado muita atenção a essas linhas e às infinitas mensagens consoladoras que transmitimos através de alguns médiuns para toda a humanidade.

Nós não estamos transmitindo essas mensagens simplesmente por transmiti-las, temos um objetivo.

– E qual é esse objetivo, Nina?

O SUICÍDIO DE ANA

– Despertar consciências. Sinceramente, eu gostaria muito que todos vocês parassem agora o que estão fazendo, e fizessem uma reflexão muito profunda sobre essas linhas.

– É esse o seu objetivo, não é, Nina?

– Sim, esses são alguns de nossos objetivos. Estamos no Universo há muito tempo. Nosso trabalho é modernizar as mensagens, atualizá-las, entende?

– Sim, eu creio nisso. Precisamos evoluir, e as mensagens que chegam até nós da vida espiritual também precisam estar atualizadas a nossa realidade. Tudo está em andamento, não devemos ficar presos a velhos ensinamentos, a velhos livros e, principalmente, à velhas doutrinas.

– Isso, Osmar, atualize-se...

Aquele que não se atualiza fica preso ao passado, e viver no passado atrasa o espírito em evolução. Sabedoria e conhecimento são alavancas que impulsionam o espírito ao seu objetivo.

– Creio muito nisso, Nina. Quando eu me descobri espírita e escritor, a primeira coisa que fiz e, confesso, ainda estou fazendo, foi transformar o rumo de tudo aquilo que possa atrapalhar a minha humilde caminhada terrena. Estou sempre em vigília. Eu sei que tudo depende exclusivamente de mim mesmo. Ninguém pode fazer por mim o que só eu posso fazer.

– Evolução é pessoal e intransferível, Osmar. – disse Nina.

– Muitas vezes, eu questionei aos amigos espirituais, que permitem com que eu faça essas psicografias, incluindo você, Nina, sobre o porquê, o motivo pelo qual vocês me escolheram?

Por que tenho que passar por tudo o que eu passo?

Por que tanta incompreensão naquilo que é óbvio?

Por que tantos questionamentos, tanta mentira, tanta inveja, tanta perseguição, tanta injúria, tanta falsidade? Por que tenho que passar por tudo isso?

– O que é óbvio para você, Osmar?

– Para mim?

– Sim, o que é óbvio para você?

– É óbvio o fato de que não sou terreno, Nina.

É óbvio que não sou daqui. É óbvio que existe algo além de mim, além da minha compreensão.

É óbvio que há um planejamento para todas as coisas que existem. Nina, não cai uma folha de uma árvore, sem que Ele saiba e permita.

Mas, por que eu? Por que deixei todas as coisas do mundo?

Sim, Nina. Eu já fui empresário, já tive "carrão", já tive patrimônio, já juntei dinheiro. Sonhava em ter muito dinheiro e ter um "vidão". Ter uma velhice tranquila com um bom patrimônio para deixar para a minha família.

O SUICÍDIO DE ANA

Trabalhei em grandes empresas, e fui muito bem remunerado pelo que fazia.

Eu "abracei" a cada oportunidade que foi oferecida a mim na vida e tive sucesso em todas elas. Graças a Deus!

Mas, o que é ter sucesso, Nina?

O que é ter um vidão?

Será que um vidão é ter tudo isso?

Será que um vidão é ser invejado pelos bens que possuo, ou pela fama que conquistei?

Será que ter um vidão é ser odiado pelos inimigos que conquistei para adquirir tudo isso?

Sim, porque para que haja um vencedor, sempre haverá um derrotado.

Será que ter um vidão é passar por cima das pessoas que cruzaram o meu caminho, olhar para elas e ver que eu sou melhor que todas elas?

Porque nem sempre fazemos as coisas certas quando o nosso desejo é maior que a razão, quando somos ambiciosos, quando colocamos as coisas materiais acima dos nossos chamados espirituais.

Eu nunca fiz mal a ninguém, Nina. Nunca julguei, nunca maltratei, nunca injuriei, nunca desprezei, nunca humilhei... nunca, nunquinha mesmo eu fiz mal a quem quer que seja e, se fiz, não foi intencional, sequer percebi.

Às vezes, as pessoas não compreendem que a nossa intenção é somente a de ajudar, e tomam isso como uma ofensa.

Não é que essas coisas materiais façam mal às pessoas, não é isso. É que eu enxerguei o mundo com outro olhar, eu vi que não sou daqui, e que as coisas deste mundo me afastam da minha essência.

Eu enxerguei claramente que as coisas daqui ficam aqui, e que só levarei comigo aquilo que de bom eu realmente fizer, sem câmeras fotográficas por perto, ou seja, dar com uma mão, sem que a outra perceba.

Auxiliando, amparando, confortando, orando, protegendo, amando. Sem distinção, sem cor, sem raça, sem julgar e, principalmente, seguir olhando para o outro, desejando para ele tudo o que sempre quis para mim.

Se não sou daqui, de onde sou?

O que levarei para a vida eterna?

Nina me interrompe novamente e diz:

– Osmar, foi você quem escolheu viver tudo isso.

– Eu, Nina?

– Sim. Você programou a sua encarnação, assim como todos também programam as suas.

– Então sou eu quem programo tudo o que vou passar?

– Sim, você e todos aqueles que vivem ao seu lado programaram experimentar e expiar as provas necessárias para purgar o passado, pois todos têm algo a corrigir.

– Como assim, Nina?

– Ao decidir programar ou receber uma nova oportunidade encarnatória, o espírito escolhe as provas que irá enfrentar para definitivamente purgar todo o mal que fez em encarnações anteriores.

Escolhe as companhias, os filhos, as esposas, a profissão, os amigos, a cidade, o país, enfim, tudo o que você vive encarnado foi escolha sua, claro, combinada com seus pares.

– Por que é assim?

– Porque Ele te ama muito, e tudo faz, fez e fará para que você se torne um espírito perfeito. Tudo é permitido enquanto necessitas aprender, Osmar, e é assim que estás nesse momento, expiando e experimentando nas vidas terrenas, e através dessas experiências, aperfeiçoando-se todos os dias, mesmo sem perceber.

– Por que eu tenho que me tornar um espírito perfeito? Qual é a perfeição que Ele exige de mim?

– Para que possa sentar-se ao lado d´Ele, Osmar, assim como está escrito.

Essa perfeição, infelizmente, vocês ainda não compreendem qual é, pois é algo de Deus, que só Ele pode explicar.

– Mas, por que eu deveria sentar ao lado d´Ele?

– Porque há algo ainda maior do que a vida. Porque o que te espera ainda é incompreensível para você neste momento, mas haverá o dia em que tudo lhe será revelado, o dia do seu encontro com o Pai maior. E nesse dia, você vai compreender tudo o que lhe acontece e lhe aconteceu para chegar ao lugar em que tens que chegar.

A caminhada é eterna e reta, nenhum de Seus filhos caminha para trás.

– Você pode me dar pelo menos um exemplo, Nina?

– Sim, claro que sim.

– Obrigado, Nina.

– O planeta em que você vive é bom, Osmar?

– Maravilhoso, Nina.

– O que você mais gosta em seu planeta?

– Ah, Nina, eu gosto de tudo. Aqui, tudo é muito bom e perfeito.

– Vocês ainda não têm noção do que é perfeição. Quando vocês adentrarem os Universos paralelos, as dimensões infinitas, os mundos habitados, as multidimensões, as infinitas galáxias habitadas, vocês terão uma noção do que Ele criou e cria, todos os dias, para a felicidade plena dos seus amados filhos.

Estamos em constante evolução, Osmar.

O SUICÍDIO DE ANA

– Meu Deus!

– Ele mesmo, Osmar. É Ele mesmo quem cuida de tudo e de todos.

Quando você pergunta para mim o motivo de tantos suicídios, eu te digo que falta religião às pessoas, falta descobrir como são em essência.

As igrejas e as religiões estão cada dia mais afastadas dos corações aflitos, ansiosos e necessitados de uma palavra de amor.

A ganância financeira tomou o lugar do afeto, do equilíbrio, do amor ao próximo, da caridade, da benevolência, e tantas outras infelizes mazelas que tomaram o lugar dos evangelhos vivos do amor.

Os almoços familiares, as refeições à mesa, a união, o amor, o aconchego do colo materno e paterno, as lições evangelizadoras, as missas aos domingos na igreja, e tantas outras coisas que se perderam dentro de um conceito modernista, mas que para esses espíritos que estão reencarnando são lembranças vivas em seus íntimos espirituais. Ah, Osmar, em todo espírito, seja ele encarnado ou não, há a necessidade de promover esse encontro. O encontro entre o 'eu material' e o 'ser espiritual'.

Nenhum materialista é totalmente feliz com tudo o que possui, porque diante da primeira enfermidade ou da primeira desgraça, roga aos céus implorando ajuda e misericórdia.

Em todos os lugares do seu planeta você vai encontrar pessoas à procura de Deus. O Deus pessoal, o Deus que está dentro de todos os seres, uma lâmpada que precisa ser acesa em algum momento de sua curta existência terrena. Não importa o caminho, todos estão nessa busca, e é a falta desse despertar que está intrínseco em todos os espíritos, a causa desse vazio, é quando muitos se desesperam e diante da primeira dificuldade, põe fim à própria vida.

Em cada rua, em cada esquina, em cada bairro, em cada cidade, em cada município, em cada estado, e em todos os países, existem milhares de igrejas, templos, sinagogas, enfim, a busca está em todas as esquinas. Isso mostra, claramente, que vocês estão à procura d'Ele.

Vocês olham , observam e julgam a tudo, só não reparam que essas igrejas, templos, e todo ambiente destinado à oração, pregação e fé, é o que mais tens buscado.

Se existem milhões de igrejas e templos, por que foram criados? Por que essa busca incessante pelo divino? Qual é a necessidade de tantos templos, tantas denominações religiosas, tantas crendices, tantos rituais?

Tudo isso, Osmar, é fruto da imaginação terrena.

Ele não precisa de nada disso. Lembre-se que Ele é Deus.

E para ser Deus, tens que ser o mais perfeito dos perfeitos.

Tens que ser Supremo, e o Supremo não precisa de rituais.

O que o Supremo precisa é de amor nas palavras, amor nos gestos, amor nas atitudes, amor na caridade, amor ao próximo, e amor a tudo o que Ele criou e cria para a sua evolução e felicidade. Não é preciso oferendas, dinheiro ou ouro, pois nada disso agrada aos Céus.

Não devemos julgar, não é certo condenar, mas é necessário despertar.

Há um enorme vazio que precisa ser preenchido pela fé, pelo amor, pela caridade, pela união, pela família.

O suicídio é sofrimento.

Suicídio é perder oportunidade, e as oportunidades estão cada dia mais escassas na vida terrena. Pobre é o espírito que deseja findar o grande presente da vida.

Encarnar e expiar são os desejos de bilhões de espíritos que estão arrependidos na erraticidade.

Há uma escassez de oportunidades não só em seu planeta, mas principalmente, para aqueles que desperdiçam a vida com o suicídio.

Deus não está penalizando sua criação. A sua criação é que desperdiçou uma linda oportunidade, simples assim...

Plantação, colheita... lembre-se sempre disso.

– Eu sei, e é por isso que modifico a mim mesmo todos os dias. Mas, eu fico muito triste e, às vezes, muito chateado com as pessoas que pensam que nos enganam, mas são elas que estão muito enganadas, Nina. É terrível viver assim.

– Assim como, Osmar?

– Fingindo que estamos sendo enganados quando, na verdade, compreendemos a imperfeição do outro que precisa expiar para aprender que a vida não se resume a essa vida, Nina.

Sabe, eu sofro muito, Nina, sofro sim, e não tenho vergonha de dizer isso. Quando eu vejo que algumas pessoas tentam me enganar, eu fico triste com a pobreza de espírito dessas pessoas, mas faço uma prece, respiro fundo e continuo a minha caminhada. Porém, não tem sido fácil, e acredito que não seja fácil para ninguém viver assim.

– Que bom que você já aprendeu isso, Osmar.

– Aprendi com vocês, Nina.

– Sou grata pela oportunidade.

– Eu é que tenho muito a te agradecer, aliás, eu não, mas todos aqueles que leem os livros pelos quais vocês nos presenteiam. Você é muito querida por todos nós, Nina.

– Eu agradeço o carinho e o amor que recebo de todos vocês.

– Nós é que te agradecemos por tudo, Nina.

– Vamos em frente, Osmar, sempre amando e perdoando, mesmo aqueles que acham que estão à sua frente.

– Sem dúvida, essa é a minha vida.

– Uma bela vida, por sinal.

O SUICÍDIO DE ANA

– Estou construindo o meu castelo, Nina, como você me ensinou.

– Faça isso, construa sua fortaleza nas moradas eternas, pois é o destino de todos nós.

– Sou grato por tudo isso, Nina.

– Osmar, o mais importante é que todos tenham consciência de que a vida deve ser vivida intensamente. Todos os acontecimentos, sejam eles bons ou ruins, são lições diárias de aperfeiçoamento, são oportunidades que não devem ser desperdiçadas nunca.

Desistir não é uma boa escolha. Desistir é morrer muitas vezes, pois o lugar o qual se destina um suicida é de muito sofrimento e lamentação.

O Lucas vai levá-lo ao Vale dos suicidas, e mostrará a você a história de Ana, como eu havia prometido. Chegou a hora de você escrever mais um livro sobre o suicídio. Vá com ele e escreva tudo em detalhes, para que a mensagem atinja o seu objetivo.

– Certamente darei o meu melhor , Nina. E, mais uma vez, agradeço a você por todas essas oportunidades.

– Espere pelo Lucas, pois ele vai procurá-lo para começar mais uma psicografia. Relate tudo e mostre para todos *"O Suicídio de Ana"*.

– Obrigado, Nina.

– Escreva, Osmar, escreva.

– Pode deixar, vou aproveitar para aprender ainda mais com essa mensagem.

– Deus te ilumine.

– Gratidão, Nina.

Osmar Barbosa

> " Por trás de qualquer vida que se modifica, há sempre uma mudança de mentalidade. "
>
> *Osmar Barbosa*

Lucas

Era manhã de sexta-feira quando Lucas me procurou para começarmos essa psicografia.

Eu estava no meu escritório me preparando para mais um dia de trabalho. Normalmente, eu reservo a parte da manhã para resolver as minhas coisas pessoais, e a parte da tarde, que sempre inclui a noite, dedico-me aos estudos, aos livros e, algumas vezes, à psicografia.

Lucas aproxima-se de mim irradiando a sua energia, que é sempre muito bem-vinda, pois sua serenidade, grandeza espiritual fazem muito bem a mim.

– Olá, Osmar.

– Oi, Lucas. Como você está?

– Sempre bem, Osmar. E você?

– Ansioso para escrever mais um livro. A Nina avisou que você me procuraria para escrevermos sobre o suicídio.

– Não fique ansioso, pois a ansiedade faz mal a todos os espíritos.

– É, mas é difícil não ficar, meu nobre mentor.

– Procure ser paciente, tudo tem seu tempo certo para acontecer.

O SUICÍDIO DE ANA

– É, eu sei disso.

– Que bom que sabe.

– A Nina falou que você iria me procurar para escrevermos mais um livro.

– Você já me disse isso.

– Está vendo, é a minha ansiedade.

– É para isso que estou aqui, vamos escrever mais uma obra, podemos começar?

– Sim, claro, mas antes eu posso te fazer algumas perguntas?

– Sim, estou a seu inteiro dispor.

– Quem é você, Lucas?

– Eu?

– Sim, quem é o Lucas que tantos livros escreve comigo?

– Eu já falei um pouco sobre mim no livro *Acordei no Umbral*, lembra?

– Sim, lembro-me perfeitamente.

– O que mais você quer saber?

– Eu gostaria de saber qual é o seu papel na Colônia Espiritual Amor e Caridade, o que você faz nessa Colônia ao lado desse grupo de espíritos?

– Ah, sim... bom, eu estou em Amor e Caridade desde que ela foi fundada.

– E quando ela foi fundada?

– Há mais de cem anos.

– Por que foi criada?

– O câncer havia chegado ao plano físico, e a Colônia das Flores, que sempre foi especializada nessa doença e que recebe as pessoas que desencarnam vítimas dela, deveria ser expandida para receber também as crianças acometidas pela mesma doença.

Foi então, que a nossa mentora espiritual recebeu o convite para presidir Amor e Caridade.

A proposta foi aceita, e ela começou a convidar espíritos que são próximos a ela para essa tarefa.

Assim que eu recebi o convite, o aceitei prontamente, e aqui estou desde a sua fundação.

– Por que você não foi convidado a presidi-la?

– Daniel é o irmão mais preparado para essa tarefa. O meu trabalho está ligado às missões nas regiões de sofrimento, ao amparo daqueles que um dia estarão entre nós, e eu me sinto melhor fazendo o que faço. Na vida espiritual, Osmar, fazemos aquilo que gostamos de fazer, que estamos mais preparados e, obviamente, o que nos deixa feliz.

Sabe, Osmar, quando você chega para ficar, você logo procura o que fazer, como ser útil, entende?

– Sim, perfeitamente.

– Pois foi assim que tudo aconteceu. Catarina me convidou, eu aceitei, e estou aqui, fazendo o melhor possível a todos que precisam do meu amparo.

– Você é um espírito bem antigo, não?

– Todos nós somos bem antigos, o que nos diferencia é o estado evolutivo em que cada um se encontra.

– É, eu sei disso. Eu posso te perguntar mais algumas coisas?

– Sim, fique à vontade.

– Você conheceu Jesus pessoalmente?

– Não, Osmar, eu não tive esse privilégio quando estive encarnado. Eu O conheci depois, já na vida espiritual.

– Você pode nos contar como você conheceu os evangelhos de Jesus, e como você se tornou um evangelista, se é que isso é verdade?

– Osmar, eu nasci na Antioquia, na Síria, ao norte da Turquia, inclusive, foi lá que eu conheci o seu mentor espiritual, o Rodrigo.

Os meus pais eram de uma família culta e abastada. Eu sempre fui um rapaz muito talentoso, e isso, claro, exteriorizou-se naquela encarnação devido à evolução já alcançada nas minhas vidas anteriores.

Osmar, tudo o que construímos de bom, é patrimônio do espírito e levamos para todas as encarnações. Tudo o que nos impulsiona, e nos evolui é somatizado em nós.

Cada passo dado em direção à luz, à perfeição, é exteriorizado na encarnação seguinte. Entende?

– Acho que sim.

– Eu vou te explicar melhor.

– Por favor.

– Somos eternos aprendizes. Na medida em que aprendemos e modificamos nossos pensamentos, palavras e atitudes, a luz da evolução é somatizada em nós. Assim, nosso espírito se expande irradiando mais luz e nos possibilitando a nós, não só evoluirmos mais, mas também, ajudarmos àqueles que necessitam de algum tipo de ajuda evolutiva, chamamos assim para uma melhor compreensão. Mas, o melhor de tudo isso é poder ajudar os que amamos profundamente.

– Quer dizer que quanto mais evoluídos estivermos, mais poderemos ajudar?

– Isso, quanto mais luz você tiver, mais acessos você terá. Exemplo disso é que consigo entrar e sair do Umbral sempre que preciso, sem nenhuma segurança ou mesmo permissão.

Essa é uma conquista pessoal e intransferível.

Tudo aqui são conquistas pessoais, e elas são intransferíveis.

O SUICÍDIO DE ANA

Não evoluímos pelos que amamos, mas através de nosso aperfeiçoamento podemos ajudá-los a evoluir, entende?

– Entendo.

– Pois bem, meus pais eram ricos e possibilitaram com que eu estudasse, assim, me tornei médico quando era bem moço.

– Com quantos anos você se tornou médico?

– Vinte e um anos.

– Bem jovem mesmo.

– Para os padrões da época, eu era um gênio.

Naquela época, os apóstolos de Jesus pregavam em todos os lugares, e foi assim que eu conheci os evangelhos do amado Mestre.

Vi naquelas palavras o sentido da minha vida, mas foi Paulo o meu grande inspirador, professor e amigo.

– Lembro-me que você nos contou sobre a sua amizade com o apoóstolo Paulo, no livro *Acordei no Umbral*.

– Isso, mesmo.

– Você escreveu vários evangelhos, isso é verdade?

– Sim, a minha relação com os apóstolos permitiu a mim escrever muitas obras.

– É uma honra para mim poder escrever esses livros ao seu lado, Lucas.

– Eu também sinto-me lisonjeado com essa oportunidade, Osmar.

– Sério?

– Sim, temos uma missão.

– Temos?

– Sim, escrever livros.

– Nossa, sem palavras, Lucas...

– Vamos em frente, Osmar.

– E quando foi que você desencarnou?

– Eu desencarnei com 84 anos de idade.

– Você reencarnou depois?

– Não. Essa foi a minha última encarnação na Terra.

– Você encarnou em outro lugar?

– Ainda, não.

– Ainda não? Como assim?

– Se para mim for proveitosa uma nova encarnação, uma nova experiência, eu não vou refutar essa oportunidade.

– Entendi.

– Oportunidades não podem ser desperdiçadas, Osmar.

– E é sobre isso que iremos falar, não é?

– Sim, é sobre isso.

– Eu gostaria de saber mais sobre essa sua última vida. Tem algo que você possa me falar?

– Não, Osmar. O que eu escrevi está à disposição daqueles que buscam os ensinamentos da vida de Jesus, de sua mãe, e sua infância, e é claro, outros ensinamentos que estão à disposição de todos vocês. Há vários livros que retratam a minha vida, e tudo o que fiz ao lado de Paulo.

– Eu agradeço muito por suas psicografias e suas palavras, que ajudam a tantas pessoas.

– Eu é que agradeço, todos os dias, pelas infinitas oportunidades que tenho de auxiliar a todos que precisam da verdade sobre a vida após a vida.

– Sabe, Lucas, o livro *Acordei no Umbral* é um campeão em tiragens. Ele foi, e é, muito bem recebido por todos os que o leem.

– Objetivo alcançado.

– Como você ligou-se ao espiritismo, já que você faz parte da Bíblia?

– Eu não me liguei ao espiritismo, foi o espiritismo que se ligou a mim. Nós estamos no Universo há muito tempo, Osmar, alguns estão acelerando a sua evolução, outros estão andando de lado, e outros, infelizmente, sequer deram um passo à frente.

O espiritismo sempre existiu.

As nossas comunicações sempre foram mediúnicas. As energias, que agora foram descobertas por vocês, sempre existiram.

Os chacras, sempre existiram.

O perispírito, sempre existiu.

As Colônias, sempre existiram.

A vida após a vida, sempre existiu.

Tudo o que vocês estudam, descobrem e lhes são revelados, sempre existiu. Não há novidades, o que existe é o merecimento em recebê-las.

À medida que a humanidade evolui, mais coisas lhe serão reveladas, simples assim.

– É verdade, Lucas. Hoje em dia, eu compreendo muitas coisas que quando menino eu tinha dúvidas.

– Você conhece as Epístolas de Paulo?

– Sim, quase todas.

– Há um trecho que diz assim:

"...Quando eu era criança, falava como uma criança, pensava como uma criança, raciocinava como uma criança. Quando cheguei a ser homem, deixei de lado as coisas de criança...".

– Primeiro Coríntios, capítulo 13:-1-13.

– Isso. Preste muita atenção a essas palavras.

"Quando és um espírito de criança, falas como uma criança, pensas como uma criança, raciocinas como uma criança. Quando adquires algum intelecto espiritual deixas a criança de lado e passas a ser um espírito iluminado".

O SUICÍDIO DE ANA

– Nossa, Lucas..., Obrigado!.

– A evolução tem por objetivo tirar dos espíritos o *estado de criança* e evoluí-los ao *estado adulto*, o estado de luz.

– É por isso que estamos aqui.

– É para isso que estamos aqui.

É para isso que somos enviados até vocês, para que deixem de ser crianças e amadureçam nos evangelhos vivos de Jesus.

– Gratidão, Lucas.

– Nós é quem agradecemos pelas oportunidades, Osmar.

– Lucas, por que é tão difícil para as pessoas aceitarem o óbvio? Por que somos assim?

– São provas necessárias, Osmar, tenha paciência e resignação, pois a humanidade caminha em direção à luz, e esse é o destino de todos.

Sejamos pacientes com aqueles irmãos que ainda não se compreendem como são. Um dia, todos irão ver-se diante à verdadeira realidade, e receberão novas oportunidades.

– Eu gostaria que todas as pessoas se enxergassem como são verdadeiramente. A vida é muito mais do que coisas materiais, muito mais que disputas, muito mais do que injustiças, muito mais que vangloriar-se por coisas perecíveis, coisas da Terra.

– Haverá o dia em que todos estarão regenerados e modificados, tenha paciência.

46

– Eu tenho, Lucas, e é por isso que não desisto de escrever, é por isso que sacrifiquei essa minha encarnação, para levar a todos os que eu puder, tudo o que vocês nos trazem, todas as palavras, todos os ensinamentos... tudo.

– Siga em frente! Eu posso lhe garantir que você não irá se arrepender de nada do que está fazendo.

– Eu tenho certeza disso, meu amigo. Embora, sofra com muitos julgamentos desnecessários e injustos.

– Não fique triste, cumpra com aquilo que você escolheu antes de encarnar. Seja exemplo, pois um bom exemplo é melhor que qualquer livro, qualquer evangelho, qualquer parábola, qualquer lição.

– Suas palavras me fortalecem, fazem com que eu não desista, dão força para que eu siga em frente.

– Aquele que desiste, colhe os frutos da desistência, e é sobre isso que iremos falar neste livro. Nunca desista diante de um desafio, por maior que ele seja, pois tudo o que vos acontece tem um propósito, um ensinamento, um aprendizado, uma lição.

Encare a dor e o sofrimento sempre como oportunidades, e oportunidades não se desperdiçam, como eu disse...

Se Jesus tivesse desistido diante do primeiro julgamento, da primeira injustiça, certamente, eu não estaria aqui para lhes trazer mais um ensinamento, um aprendizado, uma lição.

O SUICÍDIO DE ANA

– Vamos escrever, Lucas? Estou convencido de que não podemos perder tempo.

– Estamos escrevendo... mas, vamos ao livro que eu tenho certeza que chega em hora apropriada.

– Deus nos abençoe.

– Ele está em nós.

– Obrigado, Lucas.

– Vamos em frente...

Naquela tarde, Lucas me deixou com a promessa de voltar no dia seguinte para darmos início à psicografia: *O Suicídio de Ana*.

Eu fui para a minha casa descansar e preparar-me para mais uma obra ao lado desse iluminado mentor.

Deus cuide de Lucas...

Que ele esteja sempre ao nosso lado, nos trazendo esses ensinamentos que modificam o nosso ser.

Eu agradeço sempre a Deus por tudo o que tenho e que passo para escrever essas obras que, certamente, chegam aos corações aflitos e desejosos de respostas do mundo dos espíritos.

Somos mais do que imaginamos...

O dia passou...

> "
>
> *A vida é repleta de surpresas, dedique o seu tempo às pessoas que verdadeiramente você ama.*
>
> "
>
> *Osmar Barbosa*

Vale dos Suicidas

Manhã de terça-feira.

Eu havia acabado de acordar quando Lucas chegou até a minha casa para darmos continuidade a essa psicografia.

– Bom dia, Osmar!

– Bom dia, Lucas.

– Vamos escrever?

– Sim, vamos, deixa só eu terminar o meu café da manhã, pode ser?

– Sim, mas te aconselho a não comer muito.

– Por que, Lucas?

– Iremos ao Vale dos Suicidas, e as coisas que você verá por lá podem lhe causar enjoos.

– Sério?

– Sim. É um lugar que não recomendamos a ninguém.

– Meu Deus! Vou tomar apenas um café e já te encontro lá, Lucas, pode ser?

– Sim, te esperarei.

O SUICÍDIO DE ANA

Após o café, dirigi-me apressadamente ao local onde faço as psicografias.

Eu estava preocupado e muito ansioso com tudo o que o Lucas iria me mostrar, afinal, é mais um livro, mais uma oportunidade de evolução para mim e para todos nós.

Após alguns minutos, eu já estava sentado com tudo pronto para o começo.

Lucas não estava me esperando conforme havíamos combinado.

Eu estranhei, mas sentei e fiquei esperando ansiosamente pelo nosso amigo.

Após alguns minutos, ele finalmente chegou.

– Desculpe a demora, Osmar.

– Sem problema, Lucas.

– Venha, vamos ao Vale dos Suicidas.

– Lucas?

– Sim.

– Eu fiquei preocupado com o que você falou.

– Preocupado com o quê?

– Você disse que eu não deveria comer muito, para não me sentir enjoado com as coisas que eu vou ver por lá.

– Sim, e qual é o problema?

– Posso ir mesmo?

– Deixe de bobagens, Osmar, você já esteve em tantos lugares no Umbral, por que está preocupado agora?

– É que você me assustou. E o Vale dos Suicidas não é recomendável a ninguém, como vocês dizem.

– Perdoe-me, não foi essa a intenção.

– Não tens que pedir perdão. Eu é que sou fraco.

– Eu compreendo, mas não se preocupe, confie em mim e venha.

– Está bem, Lucas.

Naquele momento, entrei em desdobramento e comecei a segui-lo.

Adentramos um túnel de luz e chegamos a um dos portais do Umbral.

O lugar é bem escuro. O Vale dos Suicidas é uma das inúmeras regiões umbralinas.

O Umbral é subdividido, nele existem centenas de regiões, algumas são bem escuras, outras mais claras, algumas com vegetação, outras sem nada.

O Vale dos Suicidas é o local onde os espíritos desencarnados que praticaram o suicídio se agrupam pela Lei da atração ou por afinidade, ou seja, uma das Leis Universais, que pode ser traduzida na máxima "Os iguais se atraem".

Existem regiões mais densas no Umbral, aquelas que são chamadas de trevas, limbo, inferno, umbral inferior etc. Lugares onde toda gama de espíritos se atraem e expiam em sofrimento profundo.

Espíritos ligados às drogas, à loucura, aos desequilíbrios sexuais, às guerras, aos abortos, os assassinos, os maníacos, entre outros, vivem em regiões específicas, também por afinidades.

O Umbral é denso, sóbrio, enlameado, frio e fétido.

Eu, sinceramente, não desejo esse lugar a nenhum espírito.

Ao chegar lá, Lucas ficou bem perto de mim. Acho que ele percebeu a minha insegurança e quis que tudo corresse dentro do planejado.

– Venha, Osmar, vamos por essa trilha.

Era uma trilha com pouca luminosidade.

Havia uma vegetação bem baixa, na verdade, parecia um gramado consumido pelo fogo.

Estava tudo arruinado.

O Sol teimava em furar as densas e escuras nuvens que pairavam sobre as nossas cabeças.

Eu podia ouvir e sentir o vento frio que soprava quase nos impedindo de andar.

– Que vento é esse, Lucas?

– O vento da morte.

– Meu Deus!

– Venha Osmar, vamos.

Continuamos seguindo em frente naquela trilha estreita.

Lucas ia à frente, e eu bem perto dele.

Caminhamos por alguns quilômetros e, cada vez mais, o lugar ia ficando escuro e frio.

– Já chegamos ao Vale, Lucas?

– Sim, ele é bem grande.

– Falta muito para chegarmos ao nosso objetivo?

– Estamos indo ao encontro de um amigo no lado norte do Vale dos Suicidas. Ainda temos uma boa caminhada pela frente.

– Se esse vento diminuísse, talvez pudéssemos caminhar mais rápido.

– É necessário que façamos essa caminhada para que você se habitue ao ambiente.

– Por que isso?

– Porque você não é daqui. Eu poderia levá-lo desdobrado e volitando até o nosso amigo, mas é necessário que o seu corpo espiritual habitue-se a esse ambiente para que você possa ver com clareza tudo o que iremos te mostrar.

– Mistérios da espiritualidade. – disse baixinho.

– O que disse?

– Nada, Lucas, nada.

– Ao cruzarmos aquela trilha logo à frente, o vento vai diminuir.

– Que bom, Lucas.

Eu pude ver que à nossa frente havia uma pequena estrada, que cruzava a trilha pela qual caminhávamos.

Lucas acelerou o passo, e eu já estava quase correndo atrás dele.

Por fim, atravessamos a pequena estrada e, incrivelmente, o vento frio parou.

– Nossa, que bom que o vento parou, Lucas.

– Sim, agora podemos caminhar mais devagar e conversar.

– Que bom. – disse.

– Osmar, é importante falarmos um pouco sobre o suicídio. É relevante informar que nem todos os que cometem suicídio virão para este Vale.

– Como assim, Lucas?

– Como você sabe, existem Leis universais em todas as coisas, e são elas que regem tudo.

– Sim, e são elas que regem o nosso Universo, aliás, todas as coisas da criação.

– Pois bem. Após cometerem o suicídio, muitos ficam presos ao local do crime, pois não conseguem ser atraídos para este

Vale, por terem transgredido a Lei natural, e por terem adoração pelas coisas materiais.

– E o que acontece com eles?

– Ficam presos à cena do crime e, mesmo após longo tempo, continuam vendo seus corpos em decomposição, ficam assistindo ao suicídio o tempo todo, pois essa imagem demora a apagar das mentes dos que cometem tal ato. O ódio que habita seus corações é tão grande que, infelizmente, esses irmãos são incapazes de compreender sequer o que fizeram.

– Meu Deus! E qual é o destino deles?

– Sofrer.

– Mas, por quê?

– Primeiro, por terem transgredido uma Lei, e segundo, por estarem muito presos às coisas materiais. Lei da atração, como disse acima.

Você lembra o que disse Jesus sobre o seu tesouro, Osmar?

– Sim, foi no Sermão da Montanha.

– O que disse o Mestre?

– Ele disse:

"Não acumulem para vocês tesouros na terra, onde a traça e a ferrugem destroem, e onde os ladrões arrombam e furtam.

Mas acumulem para vocês tesouros no céu, onde a traça e a ferrugem não destroem, e onde os ladrões não arrombam nem furtam. Pois onde estiver o seu tesouro, aí também estará o seu coração."

Isso está em Mateus 6:19-21.

– É isso, Osmar. Se o seu coração for o dinheiro, será isso o que você enxergará ao deixar o corpo físico... atração, lembre-se sempre disso.

Há pessoas, por exemplo, que se enforcam no quarto da casa onde moram, e permanecem ali em sofrimento por décadas. Sequer conseguem sair do ambiente em que cometeram o suicídio.

– Meu Deus! O que fazer para ajudar esses irmãos?

– Cada caso é um caso. Vamos ao nosso caso.

– Certo.

– É importantíssimo alertar a todos, e é o que faremos nesse livro.

– Vamos escrever, Lucas.

– É importante, Osmar, que todos saibam que o suicídio não é a solução.

O suicida, seja ele materialista ou não, pode achar que cometendo tal infração encontrará a porta de saída para todos os seus problemas, mas, na verdade, o suicídio é a porta de entrada para mais sofrimentos, angústias, dores e aflições.

– Certamente, Lucas.

– Venha, vamos por essa estrada.

À nossa frente apareceu uma estrada de terra batida.

Ao lado dessa estrada havia casarões abandonados, todos em ruínas, lojas antigas e casas totalmente destruídas.

Janelas que não fechavam e portas entreabertas davam um tom de terror ao lugar frio e escuro.

Uma densa névoa quase não permitia ver onde estávamos.

Eu pude ver, naquele momento, que alguns pássaros negros estavam pousados sobre os telhados, observando a nossa caminhada.

– Que pássaros são esses, Lucas?

– Aves plasmadas pelas mentes daqueles que vivem aqui.

– É uma ilusão?

– Você está vendo?

– Sim.

– Então, é uma realidade.

– Estranho isso.

– O que é estranho?

– Casarões, aves, ruas, prédios, tudo isso.

– Tudo aqui é muito semelhante a tudo o que tens lá, já não te dissemos isso?

– Sim, aliás, todos os autores espíritas dizem isso.

O SUICÍDIO DE ANA

– É porque veem a mesma coisa, os mesmos lugares.

– Vamos nos encontrar com quem, Lucas?

– Walmir.

– Walmir?

– Sim, vamos auxiliá-lo.

– Quem é Walmir?

– O pai de Ana.

– Ana, a nossa personagem?

– Sim.

– O que ele faz aqui?

– Ele vai procurar pela filha dele.

– Ele está aqui no Vale dos Suicidas procurando por sua filha?

– Ainda não, mas vai procurá-la ao nosso lado.

– Ele é um espírito iluminado?

– Não. Na verdade, ele está há pouco tempo em nossa Colônia.

– Ele é de Amor e Caridade?

– Sim, ele chegou há pouco tempo da sua última encarnação e está conosco.

– Ana está aqui?

– Acreditamos que sim.

– Mas, não seria mais fácil vocês virem buscá-la?

– Não temos permissão para isso.

– Então, o que estamos fazendo aqui?

– Nós vamos acompanhar o suicídio de Ana, como prometido.

– Ela ainda não morreu?

– Sim, ela morreu há bastante tempo.

– Estou ficando confuso, Lucas.

– Tenha calma. Venha, vamos entrar nesse prédio, eu quero te mostrar uma coisa.

À nossa frente havia um prédio de, aproximadamente, oito andares.

O edifício era escuro, tinha algumas janelas fechadas e uma única porta de entrada. Na verdade, não havia porta, pois o que achei ter visto, na realidade, era um pedaço de porta toda destruída, e a entrada estava aberta e aos pedaços.

– Venha, Osmar.

Entramos e começamos a subir pelas escadas.

– Que prédio é esse, Lucas?

– Um prédio abandonado.

– Posso ver que está abandonado há bastante tempo.

– Sim, ele é bem antigo, venha. – disse Lucas subindo a escada ainda mais rápido.

Finalmente, chegamos à cobertura do prédio.

O SUICÍDIO DE ANA

Estávamos, na verdade, em um lindo apartamento com cobertura. Havia móveis de luxo e tudo o que um lindo apartamento pode proporcionar.

Lucas convidou-me a irmos até a varanda para olharmos a vista. No local havia uma pequena piscina vazia e alguns vasos de plantas que estavam secas e mortas.

Eu fiquei muito impressionado com tudo o que foi mostrado naquele momento.

Pude ver ali de cima daquele prédio quase todo o Vale dos Suicidas.

Abaixo dos meus olhos havia uma região muito escura, com muitos grupos de espíritos sofrendo, alguns enterrados nos lamaçais somente lhes sobrando a cabeça.

Eu podia ouvir os lamentos e os espíritos implorando por ajuda. Alguns chamavam por suas mães, outros suplicavam a Deus pela Sua misericórdia.

Muitos já sem forças tentavam a todo custo sair rastejando daquele enorme pântano.

Eu vi corpos dependurados em postes, em janelas de apartamentos, vi corpos queimados, despedaçados, e todos lamentando e implorando pela vida.

Eu ouvia ranger de dentes e choro, muito choro vindo daquele lugar.

O que os meus olhos viram naquele momento, eu jamais esquecerei. Fiquei triste e muito impressionado com tudo aquilo, sinceramente não desejo isso a ninguém.

Naquele instante, eu pude compreender o que o Lucas havia me dito sobre enjoo.

Corpos mutilados estavam ao dispor daquelas aves negras que pousavam ao lado deles, retiravam pedaços e voltavam para os telhados para degustarem a carniça humana. Pareciam urubus gigantes alimentando-se de restos mortais.

Órgãos putrefatos espalhados pelo lugar. Verdadeiros zumbis vagavam perdidos, sem os olhos, sem os braços, mutilados... algo que jamais esquecerei.

Foi quando parei de olhar aquele sofrimento.

Abaixei a minha cabeça evitando olhar tanto desgosto. Seria castigo de Deus permitir a Seus filhos ficarem assim?

Percebendo o meu estado, Lucas aproximou-se de mim.

– Está impressionado com tudo o que vê, Osmar?

– Sim, Lucas, tudo isso é muito triste. É lamentável o estado desses irmãos. Por que Deus permite isso?

– O que você está vendo é uma pequena parte do Vale dos Suicidas. Aqui é o lugar onde se lamenta a vida. É aqui que muitos sofrem há séculos por terem tirado a própria vida. E lembre-se que Deus não pune os Seus filhos, o que acontece

O SUICÍDIO DE ANA

é que esses infelizes irmãos estão mentalmente ligados a esse ambiente, e sofrem por terem cometido o suicídio.

– Mas, por que é assim, Lucas?

– Colhes o que plantas... essa é a Lei.

– E a misericórdia divina, onde está?

– Em todos os lugares.

– E por que ela não está aqui?

– Bem-aventurados os misericordiosos, porque alcançarão a misericórdia... está escrito, Osmar.

Como poderás receber a misericórdia se não fostes misericordioso?

Dai pão a quem tem fome, e água àquele que tem sede...

O que destes?

O que plantastes?

O que pedistes?

O que fizestes?

Sois o resultado de sentimentos e atitudes... no Vale dos Suicidas é somatizado tudo o que semeais na Terra. Se sua semeadura é boa, colherás o bom fruto, mas se tua semeadura é ruim, colhes na vida espiritual as mazelas da encarnação.

Muitos não querem acreditar nisso e pagam para ver.

Olhe para baixo... todos esses que você vê aí em sofrimento são suicidas que pagaram para ver, que não acreditavam em

Deus e, na verdade, não acreditavam em nada, sequer acreditavam na eternidade de seus espíritos. Colhem aqui os frutos da
incredulidade, da ignorância, da falta de amor ao próximo, da
insensibilidade diante das inúmeras oportunidades de amor que
experimentaram.

– Meu Deus, tendes piedade desses irmãos.

– Osmar, há um santo remédio para o suicídio, aliás, o único
e eficiente remédio.

– Qual é, Lucas?

– O Evangelho.

Só Ele salva, porque Ele disse:

*"Peçam, e será dado; busquem, e encontrarão; batam, e a por-
ta será aberta. Pois todo o que pede, recebe; o que busca encontra; e àquele que bate, a porta será aberta."*

– Compreendo, Lucas, perdoe-me.

– Vocês precisam acreditar, definitivamente, que o suicídio é
a pior decisão.

– Eu creio, Lucas.

– Venha, vamos entrar e esperar pelo nosso amigo.

– Sim.

Entramos e nos sentamos em duas cadeiras que estavam na
sala de estar. Aquela cobertura não parecia mais estar no Umbral.

O SUICÍDIO DE ANA

Resolvi esperar pelos acontecimentos para relatar tudo nesse livro.

Calei-me, esperando pelas instruções do Lucas.

Não fazia sentido um apartamento tão luxuoso instalado naquele lugar.

Cadê o prédio velho? E o apartamento em ruínas?

Esperei, pacientemente, pelos ensinamentos de Lucas.

O suicídio é, certamente, a pior escolha.

Osmar Barbosa

Walmir

Alguns minutos se passaram. Eu estava calado e refletindo sobre todos aqueles irmãos que vi sofrendo, sobre as transformações que aconteciam diante do meu surpreso olhar.

Foi quando ouvi um barulho vindo da porta de entrada do apartamento.

Era um senhor de, aproximadamente, 40 anos que entrara, deixando sobre a mesa de jantar, uma pasta de documentos. Em seguida, tirou o paletó e colocou em uma cadeira da mesma mesa. Na sequência, retirou cuidadosamente a gravata e depositou sobre o *blazer*.

Após, dirigiu-se à cozinha e pegou um copo, foi até a geladeira, o encheu com água e bebeu. No mesmo recipiente ele colocou algumas pedras de gelo e veio até o ambiente em que estávamos. Pegou então uma garrafa de uísque, encheu o copo e seguiu para a parte de fora da cobertura.

Naquele momento, eu tive a certeza de que não estávamos mais no Umbral, e sim, na vida de encarnado de Walmir.

– Venha. – disse Lucas, levantando-se e seguindo Walmir até a parte descoberta do apartamento.

O SUICÍDIO DE ANA

O rapaz sentou-se em uma confortável cadeira e estava descansando. Seu olhar estava perdido no nada.

Nos sentamos próximos a ele.

– Osmar, esse é o Walmir. Precisamos relatar algumas coisas sobre a vida dele para que todos possam entender essa psicografia.

– Eu percebi isso, Lucas.

Nesse instante, levantei da cadeira e me aproximei da sacada da cobertura para olhar novamente o que havia ao redor daquele prédio.

Assustei-me com o tamanho da cidade.

Várias ruas, centenas de prédios iguais ao que estávamos, carros transitando pelas vias, pessoas caminhando... um movimento que me surpreendeu.

– Onde estamos, Lucas?

– Em São Paulo.

– É aqui que tudo irá acontecer?

– Sim, é aqui que veremos a última encarnação de Walmir e de Ana.

– O que ele faz?

– É advogado.

– Parece ser muito bem-sucedido.

– Sim, após estagiar em um famoso escritório de advocacia, montou seu próprio negócio e é muito requisitado, tem grandes clientes em sua carteira, ganha muitíssimo bem, mas não é feliz.

– Por que, Lucas?

– Walmir é um espírito bem evoluído, é bom, caridoso, amoroso, excelente pai de família, mas, infelizmente, não deu sorte no casamento.

– Então, ele tem família?

– Sim, mas ele acabou de se separar da esposa, comprou essa cobertura e mora sozinho. Reside aqui há poucos meses.

– Ele é o pai de Ana, é isso?

– Exato. Ana vive em outro apartamento com Lívia, sua mãe.

– Ele não tem mais filhos?

– Não. Lívia até tentou, mas por dívidas de vidas anteriores perdeu dois bebês que foram abortados naturalmente. Na verdade, ela teve uma oportunidade de resgate com esses espíritos.

– Existe isso de aborto espontâneo? Quero dizer, quando uma mulher perde um bebê espontaneamente, isso é resgate de vidas passadas?

– Na maioria das vezes, sim.

– Ele é bonito?

– Quem?

– O Walmir.

– É um bom homem. Sempre buscou pela sua evolução espiritual, é espírita, honesto, caridoso, bondoso e sincero, como disse acima.

– Que bom, Lucas.

– Tudo isso se somatiza a ele, como você pode ver, como lhe ensinei.

– Sim, vejo que ele reflete uma luz bonita. Quero dizer, ele tem uma luz bonita.

– Resultado da caridade e do amor ao próximo.

– Quanto mais amamos, mais puros ficamos, Lucas?

– Quanto mais você se modificar, mais o seu Ser espiritual engrandecerá, e se o seu Eu espiritual for bom, todo o resto será bom também.

– Nossa, como eu aprendo com vocês.

– Merecimento, Osmar, merecimento.

– Eu posso te perguntar uma coisa, Lucas?

– Sim.

– Se o Walmir é bom, justo, caridoso e verdadeiro, por que se separou da esposa?

– Ela não pensa como ele. Como te disse, ele não deu sorte no casamento. Ela não age como ele. Ela não é boa como ele. Ela não é caridosa como ele. Embora os dois tenham programado para se encontrarem nessa encarnação, as coisas saíram da direção traçada. O livre-arbítrio é o que determina se tudo o que você combinou antes de encarnar, vai mesmo ser cumprido.

Normalmente, logo que encontram dificuldades no casamento, os casais optam pela separação, e isso ocorre por não terem lembranças do acordo feito antes da encarnação, e com isso, falham ao se separarem. Todos deveriam compreender que as adversidades são oportunidades de aperfeiçoamento e de amor. Se há alguma dificuldade, devem juntos procurar uma solução, que quase sempre não é a separação.

– Então, por que eles se casaram? Não temos como saber, antes de encarnar, se nosso compromisso de uma encarnação pode ser modificado?

– Na verdade, Walmir sempre foi um espírito bom. Ele pediu para reencarnar para ajudar Lívia a evoluir, por isso, seu caminho é o caminho do bem. Nada está ao acaso, se o caminho que se apresenta em sua vida é um bom caminho, se você o segue com amor, e isso lhe faz bem, por que mudá-lo?

Quando vocês encarnam, já está tudo organizado, mas como disse, o livre-arbítrio pode alterar tudo.

Walmir veio nessa encarnação para mostrar a Lívia que é através do amor, do amar e da caridade, que se aproxima o espírito dos desígnios do Pai.

O SUICÍDIO DE ANA

Ela não acredita em espíritos, e embora seu íntimo sempre a alerte sobre as lembranças passadas, ela insiste em viver longe da caridade e do amor ao próximo.

– E por que o Walmir fez isso?

– Dívidas de vidas anteriores.

– Entendi, quer dizer que o Walmir escolheu encarnar ao lado de Lívia para lhe mostrar o caminho que, certamente, modificaria a trajetória espiritual dela, é isso?

– Sim, isso mesmo.

– E ele não conseguiu?

– Não, infelizmente, não.

– Mas, isso não estava programado?

– Sim, ambos programaram essa encarnação, mas não programaram a separação. Eu já te falei sobre isso.

– E por que deu errado, então, Lucas?

– Livre-arbítrio, como eu já te disse. Sois livres em qualquer parte do Universo. É muito importante que todos saibam que existem dois tipos de livre-arbítrio.

– Como assim?

– Existem dois tipos de livre-arbítrio, o bom e o ruim.

– Você poderia explicar melhor sobre o assunto?

– Sim. Quanto mais evoluído é o espírito, melhor é o seu livre-arbítrio. Ele é mais puro, mais consciente, entende?

– Quer dizer, que quanto mais evoluído eu estiver, melhor serão os meus pensamentos e as minhas decisões?

– Isso, Osmar. Quando te modificas, tudo a seu redor é modificado também, inclusive, o seu pensamento.

Veja o que eu vou te mostrar agora.

– Está bem.

Naquele momento, eu pude ver aproximar-se de Walmir, um espírito muito iluminado, o qual ficou ao lado dele emanando uma energia na cor verde.

Esse espírito direcionava a luz na direção do peito de Walmir.

Alguns segundos se passaram até que outro espírito, todo deformado, tentou aproximar-se deles. Porém, logo ao perceber tanta luz, afastou-se rapidamente. Foi uma tentativa frustrada.

Após alguns minutos, o anjo de luz deixou Walmir, sentado ali, totalmente iluminado.

– O que foi isso, Lucas?

– Ao sentar-se um pouco para descansar e beber, Walmir começou a pensar na família e na sua separação. O fato é que ele foi traído por Lívia, que se deixou levar por sentimentos mundanos, e envolveu-se com outro homem. Isso causa muita tristeza em Walmir.

Quando mudamos a nossa vibração, atraímos espíritos relacionados àquilo que sentimos e desejamos.

O SUICÍDIO DE ANA

Assim, obsessores e espíritos malfazejos aproveitam desse momento de introspecção negativa para aproximarem-se e para fazerem mal a seus desafetos.

– Aquele espírito deformado é um desafeto de Walmir?

– Não, ele é oportunista.

– Existe isso?

– Isso o quê?

– Espíritos oportunistas?

– Sois aquilo o que atrais, lembre-se disso.

Pensamento, comportamento, atitude, caráter, bondade, caridade, amor... são mensagens ao Universo, e você capta o que emana.

Se tudo isso for bom, ao seu lado terás coisas boas, ao contrário disso, coisas ruins.

– Nossa, Lucas, que interessante!

– Osmar, se o seu espírito tem alguma evolução, logo, o que está ao seu lado é bom e te protege sempre. Caso contrário, nem preciso falar.

– Então, quer dizer que à medida que eu evoluo, atraio para mim coisas boas espíritos protetores, é isso?

– Exatamente isso. Esse é considerado o bom livre -arbítrio. Os bons pensamentos, as boas decisões, o amor no coração, a benevolência, a dedicação e o amparo ao próximo.

Sendo assim, você sempre terá bons pensamentos, isso chamamos de o bom livre-arbítrio.

O outro é exatamente o oposto a tudo o que te falei acima.

– Entendi perfeitamente, Lucas, e sou grato por seus ensinamentos.

– O que você entendeu?

– Eu entendi que quanto mais modifico a mim mesmo, quanto mais eu melhoro os meus sentimentos e as minhas decisões, mais serei amparado e intuído pelos espíritos iluminados, os quais atraio justamente por ser assim, por pensar assim, e por agir dentro da caridade e do amor.

– Pronto, é isso. Quando você não é bom, nada é bom ao seu redor, nem mesmo o livre-arbítrio.

É importante relatar também, que o bom livre-arbítrio é uma conquista do espírito.

Quanto mais evoluído estiver, melhor serão suas decisões, suas companhias e sua encarnação.

– Obrigado, Lucas.

– De nada.

– Sempre ele. – pensei.

– Sempre ele quem, Osmar?

– Você ouviu o meu pensamento?

– Sim, você pensou alto demais.

O SUICÍDIO DE ANA

– Vocês podem ouvir os nossos pensamentos?

– Na maioria das vezes, sim.

– Meu Deus!

– Responda, por favor, sempre ele, quem?

– O livre-arbítrio, eu tinha pensado.

– Isso, vocês têem que ter muito cuidado com o livre-arbítrio, pois ele é bom, mas pode ser traiçoeiro quando mal-interpretado.

– O que temos que fazer para não desviarmos do caminho, Lucas?

– Ouça sempre o seu coração, pois é nele que o Senhor vos fala.

Certamente, Lívia não ouviu o coração dela. Resultado: não cumpriu o propósito da sua encarnação, e colhe em vida, as mazelas dos desvios.

– O que vai acontecer com ela?

– Você poderá acompanhar a Lívia também.

– Está bem, Lucas.

– E a Ana, quando poderei conhecê-la?

– Em breve.

Naquele momento, o telefone de Walmir toca e ele atende rapidamente.

– Alô!

– Pai?

– Oi, filhinha.

– Tá onde, pai?

– Em casa, acabei de chegar.

– Pai, eu preciso da sua ajuda.

– O que houve, Ana?

– Eu não quero morar com a mamãe. Não aguento mais, pai.

– Filha, nós já conversamos sobre isso.

– Eu sei, pai, mas eu não quero ter outro pai. Esse homem não sai aqui de casa. Eu não quero viver assim. Esse cara não presta, pai.

– Meu amor, sua vida é aí, sua escola é aí, seus amigos estão aí, tudo está aí do seu lado. A sua mãe fez essa escolha quando me trocou por esse homem, você sabe disso. Eu não posso ter você aqui agora, ainda estou me organizando, estou aqui apenas há quatro messes.

– Eu só queria ter um pouco de paz, pai.

– Ana, você tem seu quarto, seu carro, sua vida.

– Mas, não sou feliz, pai.

– Filha, o ano já está terminando, e você terá que escolher a sua faculdade, pense direitinho. Escolha uma que seja perto da minha casa e venha morar comigo, nós já combinamos isso, filha, tenha paciência.

O SUICÍDIO DE ANA

– Pai, eu não estou feliz, eu não sou feliz, eu não gosto da minha mãe, na verdade, eu odeio essa mulher.

– Não fale assim da sua mãe, Ana.

– Eu a odeio, pai.

– Pare de falar isso. Me deixa descansar, depois eu te ligo.

Walmir ficou um pouco irritado com as palavras de Ana.

– É sempre assim.

– Assim como, Ana?

– Vocês nunca têm tempo para mim.

– Você está parecendo uma criança mimada. Você já é uma mulher Ana, já vai fazer 20 anos. Está na hora de crescer, filha.

– Tchau, pai. – disse Ana desligando o telefone.

Walmir bebe um gole maior da bebida, e repousa a sua cabeça sobre o encosto da cadeira em que está sentado.

Eu olhei para o Lucas, que nada falou.

Imaginei que teríamos uma grande história para contar, a partir dessa pequena discussão pela qual eu pude presenciar naquela tarde.

O que temos para revelar?

Será que Ana também tem dívidas do passado com Walmir?

– Osmar?

– Sim, Lucas.

– Temos que ir agora, depois eu te procuro para darmos continuidade a esse livro.

– Está bem, Lucas.

Naquele momento, Lucas deixou-me em meu escritório e voltou à vida espiritual.

Os dias se passaram, até que novamente, fui procurado para continuar a escrever.

Eu fiquei vários dias preocupado com a Ana. O que será que teremos para contar?

Por que essa jovem cometeria o suicídio?

Será que há dívidas de vidas passadas entre eles?

O que seria revelado a mim?

Os dias passaram...

A vida não se resume a essa vida!

Nina Brestonini

Ana

Passados alguns dias, Lucas me procurou novamente e levou-me até o quarto de Ana.

Chegamos, em uma manhã, a um belo apartamento, muito bem decorado, na zona norte de São Paulo.

Ana é morena, alta, cabelos longos e tem um quarto muito bonito.

Ela estava deitada mexendo em seu telefone celular.

Foi quando ouvimos algumas batidas à porta.

– Ana?

Silêncio.

– Ana? – insiste Lívia.

Ana finge não ouvir a sua mãe.

É quando uma voz masculina se aproxima e diz:

– Deixe essa pirralha aí amor, ela não quer falar com você. Pare de se humilhar para essa menina mimada.

– Ana? – insiste Lívia, mais uma vez, batendo à porta.

Ana, irritada, tapa os ouvidos com um fone e coloca a música de seu telefone bem alta.

O SUICÍDIO DE ANA

Após insistir muito, Lívia deixa a porta do quarto e dirige-se à cozinha do luxuoso apartamento.

Roberto está sentado à mesa bebendo algo que não pude identificar.

– Você tem que deixar essa menina de lado, pare de se humilhar.

– Ela é minha filha, eu fico preocupada com ela. Quase não come, não sai daquele maldito quarto. Não fala comigo, você pensa que isso é fácil?

– Ela já não é mais uma criança, pare de tratá-la como uma doente. Deixe-a de lado e você verá como logo ela vai dar um rumo para a vida dela.

– Eu não quero que a minha filha ache um rumo, Roberto. Eu só quero ser feliz ao lado dela.

– Você nunca será feliz com essa garota, pois ela sempre deixa bem claro que não gosta de você. Essa menina é insuportável.

– Isso é coisa da idade, Roberto. Os jovens de hoje são assim...

– Meu amor, eu só quero te ajudar.

– Eu sei amor. Eu tenho medo dela, Roberto.

– Medo de quê?

– Medo dela fazer alguma bobagem, a gente vê tantos jovens fazendo besteiras com a própria vida. Ana tem muito poucos amigos, vive trancada naquele maldito quarto, sabe-se lá fazendo o que... não tem namorado. Tem tudo para ser feliz. Tem carro, tem cartão de crédito, mora no melhor bairro dessa cidade. Eu confesso amor, não sei mais o que fazer.

– Tenha paciência, você sabe que eu nada posso fazer, ela sempre diz que me odeia, que eu destruí a sua vida, enfim, em nada posso ajudar.

– É por isso que eu sofro. Eu não escolhi me apaixonar por você, tudo aconteceu muito rápido. O Walmir já não me procurava mais. Só pensa em caridade, em ajudar os outros, e esqueceu de me ajudar. A caridade que ele devia ter feito era em casa e não nas ruas dessa maldita cidade.

– Deixe isso de lado, amor. Não vamos falar mais sobre isso.

– Eu tenho muita mágoa em meu coração. Eu gostaria de ser a melhor amiga da minha filha, mas ela me odeia e faz questão de dizer isso para todo mundo.

– Eu não entendo nada disso, Lívia.

– Eu sei, Roberto, só estou desabafando.

– Às vezes, é na dor que as pessoas precisam aprender a dar valor às coisas que têm, e dar valor à vida. Deixa de lado que logo ela vai te procurar.

– Eu não quero isso para a minha filha.

– Então, fique sofrendo. – disse Roberto irritado.

– Eu gostaria de ser amada por ela, Roberto. Será que você não entende?

O SUICÍDIO DE ANA

– Tenha paciência, então.

– Vamos ao escritório? Eu não quero mais falar sobre isso.

– Sim, já estou pronto. – disse Roberto, levantando-se.

– Vamos amor, depois eu tento falar com ela.

Lívia e Roberto deixaram o apartamento.

Após alguns minutos, percebendo a ausência dos dois, Ana finalmente deixou seu quarto e foi até a cozinha.

Ela abriu a geladeira e encheu um copo com água. Sentou-se à mesa da cozinha e bebeu tudo.

Alguns minutos depois, saiu para a rua. Caminhou até uma pequena praça do bairro próxima ao seu apartamento, e sentou no primeiro banco vazio.

As horas passavam e a menina estava sentada ouvindo músicas e observando as pessoas que transitavam pelo local, até que, finalmente, uma menina aproximou-se dela.

Ana abriu um belo sorriso para receber a amiga.

– Oi.

– Oi, Ana.

– Poxa, você demorou.

– Eu estava estudando, terei prova amanhã.

– Prova de quê?

– Sociologia.

– Odeio essa matéria.

– Eu também. E aí, como estão as coisas na sua casa? Já fez as pazes com a sua mãe?

– Cada dia pior, Amanda. Não suporto aquele homem e muito menos a minha mãe.

– O que você vai fazer, amiga?

– Não sei. Acho que vou dar um fim em tudo.

– Como assim, um fim em tudo?

– Sei lá. O que definitivamente eu não quero é viver ao lado da minha mãe e daquele ridículo, aproveitador de velhas.

– Nossa, Ana, a sua mãe não é tão velha assim.

– É sim, é uma velha sem-vergonha.

– Tire esse ódio do seu coração, amiga. Isso está lhe fazendo muito mal.

– Não é ódio, é ojeriza, Amanda.

– Ele continua na sua casa?

– Chegou de mala e cuia. Está morando e dando as ordens da casa.

– Caramba! Mal o teu pai saiu, e sua mãe já colocou outro homem em casa?

– Pior que é verdade, tem menos de três meses que eles se separaram e ela já colocou outro homem lá em casa. Aliás, ela já estava com ele enquanto ainda estava com o meu pai, e todo mundo sabe disso, só o tonto do meu pai não percebeu.

– E o seu pai?

– E o meu pai, o quê?

– Como ele está?

– Ele está feliz, se livrou daquela cobra. Comprou uma linda cobertura para ele, e mora sozinho. Se livrou daquela mulher.

– Não fale assim da sua mãe, amiga.

– Uma mulher que trai o marido com um dos seus melhores amigos tem que ser chamada de quê? Do que devo chamar essa mulher?

– Não devemos julgar as pessoas, Ana. Você tem que melhorar seu humor, amiga.

– Eu não estou julgando-a. Só não concordo com o que ela fez, só isso. A minha mãe sempre foi uma pessoa fria, calculista e invejosa.

– A vida é dela, Ana, você tem que deixar que ela siga seu caminho. Você já falou com o seu pai sobre ir morar com ele?

– Sim, mas ele diz que eu preciso terminar os estudos aqui, e que se eu quiser posso ir morar com ele no ano que vem.

– Então, pare de sofrer.

– Eu sei. Mas, vamos deixar isso de lado. Eu não quero ficar aqui falando dela e muito menos do meu pai. Ele faz o que pode, eu sei disso.

– Isso mesmo, pare de pensar nisso. Vamos falar de outras coisas.

– Na verdade, verdade, verdade mesmo, eu quero ir morar logo com o meu pai. No ano que vem eu vou morar com ele, mas os dias parecem ser eternos. – suspirou a jovem.

– É só ter um pouco de paciência que tudo vai dar certo, Ana.

– Isso é o que está faltando em mim. Eu não sei muito bem o que está acontecendo comigo, amiga. Sinto um ódio incontrolável da minha vida. Quase não durmo. Só penso em bobagens. Tem horas em que fico na janela do meu quarto pensando em me jogar de lá.

– Nossa, que horror! Por que você não procura por ajuda psicológica?

– Eu?

– Sim, pois quando não estamos bem devemos procurar por ajuda.

– Nunquinha que eu vou serei tratada por um psicólogo. – menosprezou Ana.

– Por que esse preconceito?

– Eu não sou doente, estou irritada, só isso.

O SUICÍDIO DE ANA

– E se o seu pai arrumar uma namorada, como será?

– Meu pai é o melhor pai do mundo. Eu quero mesmo que ele arranje outra mulher só para ela ver o que perdeu. Trocar um dos melhores advogados do Brasil por um professor de ginástica, ninguém merece.

– Tudo o que você fala da sua mãe, traz ódio nas palavras, Ana.

– Eu odeio aquela mulher! — esbravejou a moça.

– Não vamos mais falar disso. Quem está ficando preocupada agora sou eu.

– Eu vou morar com o meu paizinho e serei muito feliz ao lado dele, você vai ver.

– Você vai nos deixar, amiga?

– Não, meus amigos serão sempre meus amigos, embora eu não tenha muitos amigos, mas os que tenho são especiais.

Você é especial Amanda, e eu virei de vez em quando para visitá-la, pode deixar.

– Vê se não me esquece, hein, amiga.

– Jamais, amiga, jamais.

– Vamos ao cinema?

– Vamos. – disse Ana, feliz.

– Venha, vamos. – disse Amanda, levantando-se.

Assim, Ana e Amanda passaram aquela tarde.

Lucas levou-me até a minha casa.

– Lucas?

– Sim.

– Essa menina tão jovem e tão bonita vai cometer o suicídio?

– Sim, na verdade, o que estamos mostrando a você são alguns fatos anteriores o suicídio, o qual já aconteceu.

– Como assim?

– A Ana já está morta e o seu pai, também. Na realidade, todos estão desencarnados.

– O Walmir morreu?

– Sim, ele teve um infarto fulminante. É isso que iremos relatar a seguir. O que apresentamos a você até agora foram os últimos momentos vividos por ambos na encarnação. Agora, iremos ao Umbral. Vamos nos encontrar com o Dr. Gilberto, e de lá, seguiremos mostrando todas as consequências pelas quais passam aqueles que decidem cometer o suicídio.

– Vamos agora?

– Sim, venha. – disse Lucas, me desdobrando e levando-me com ele ao Posto de socorro no Umbral.

Chegamos ao Posto de socorro no Umbral da Colônia Espiritual Amor e Caridade.

> *Deus está em todas as coisas,
> em todos os lugares, em toda a criação.*
>
> Osmar Barbosa

Posto de socorro e atendimento Amor e Caridade

Logo que chegamos, Lucas pediu para que eu ficasse em silêncio, observasse e escrevesse tudo o que acontecesse naquele Posto de socorro.

Existem muitos postos como esse em todas as regiões do Umbral.

Esse, especificamente, pertence à Colônia Espiritual Amor e Caridade. É dirigida pelo Dr. Gilberto, e eu tive o privilégio de relatar a sua história no livro O *Médico de Deus*.

O Posto de socorro é muito parecido com as unidades de pronto atendimento que temos aqui no plano material.

São prédios relativamente pequenos, com algumas enfermarias, duas emergências e dois centros cirúrgicos. Há salas da direção, refeitório, e salas para descanso daqueles espíritos que ali trabalham.

O movimento é grande no Posto de socorro. Gilberto, vestido de branco, auxilia Alexandre e Isabel no atendimento aos feridos. Muitos espíritos chegam nessa condição no Umbral.

Como todos sabemos, o Umbral é um lugar muito escuro, sombrio e fétido. Mas, essa unidade é tão iluminada que ao seu redor ficam alguns espíritos desejosos de luz.

O SUICÍDIO DE ANA

Esses centros de atendimentos foram plasmados para dar apoio às caravanas de resgate que trabalham nessa região de sofrimento.

Existem centenas deles espalhados por todas as regiões do Umbral, na verdade, cada Colônia possui um ou até mais de um Posto de socorro para auxílio e amparo àqueles que precisam e buscam por ajuda.

Ninguém é obrigado a ir para esses Postos de socorro. Somos livres, sempre livres...

– Eu já estive aqui, Lucas.

– Quando escreveu o livro sobre a vida de Gilberto?

– Sim, quando escrevi o livro O *Médico de Deus*.

– Então, você conhece bem a rotina desse local?

– Sim, aqui é o lugar onde os espíritos que precisam de ajuda são socorridos e, também, é onde ocorre o resgate daqueles que estão mutilados ou com seus perispíritos muito danificados.

– Exatamente.

Sabes também, que é um lugar preparado para todas as demandas espirituais dessa região?

– Sim.

– Aqui o amor é manifestado em essência, Osmar.

– Tenho certeza disso, Lucas. Eu pude acompanhar o trabalho de amor que o Gilberto e a sua equipe executam aqui.

– É também ponto de apoio para os guardiões que trabalham nessa região.

– Essa eu não sabia.

– Sempre que os guardiões precisam de suporte, de descanso, ou de ajuda, é para cá que eles vêm.

– Que legal.

– Essa é uma região onde tudo pode acontecer.

– Como assim, Lucas?

– Osmar, quando você está em sofrimento qual é a primeira coisa que você quer?

– O remédio.

– E depois que a dor passa?

– Eu fico feliz.

– Só isso?

– Feliz e grato por quem me deu o remédio.

– Pois bem, a maioria dos espíritos estão aqui em busca do remédio, mas não são gratos. Assim que melhoram voltam a cometer os mesmos crimes.

– Meu Deus!

– Não é assim na vida terrena?

– Sim, dificilmente um criminoso deixa o crime.

– O que acontece?

O SUICÍDIO DE ANA

– Ele é pego, fica preso e logo que é solto, volta a cometer os mesmos crimes. Claro que não é uma regra, mas é a maioria.

– Aqui no Umbral é exatamente assim, e pior, o espírito sabe que aqui ele não será preso, sabe que não vai morrer e sabe, também, que estamos aqui para lhes dar o remédio.

– Meu Deus!

– Olhe para esse espírito que se aproxima.

Olhei para a nossa direita e vi quando uma mulher muito malvestida, na verdade, a sua roupa era apenas farrapos, aproximava-se do Posto de Socorro.

Ela quase não conseguia caminhar de tão deteriorada que estava. Sua pele era suja, seus cabelos estavam embolados sobre os ombros, e ela trazia consigo um pedaço de pano preto, que parecia ser um véu.

Seus dentes estavam podres.

Ela andava descalça, e seu vestido preto esfarrapado arrastava-se no chão enlameado.

– Que coisa horrível, Lucas!

– Observe. – insistia o mentor.

A mulher aproximou-se e ficou de pé em frente à porta principal do Posto de socorro.

Passados poucos minutos, Isabel também aproximou-se com um pequeno comprimido nas mãos, e um copo com água.

96

Imediatamente, a mulher esfarrapada pegou o comprimido, colocou na boca e, após pegar o copo com água, bebeu o remédio.

Isabel sorriu lhe oferecendo apoio.

Após tomar o medicamento, a mulher voltou para a escuridão caminhando lentamente.

– Que remédio é aquele, Lucas?

– É algo que só faz sentido e efeito naquela mulher.

– Como assim, Lucas?

– A mente é quem domina o espírito. Tudo está em seu pensar, em seus desejos e em suas decisões. Essa mulher toma esse remédio uma vez por semana.

Toda semana ela vem até aqui e a Isabel lhe dá esse comprimido, que nada tem e para nada serve.

Mas, psicologicamente, tem um efeito de bem-estar e de cura, que serve para esse espírito que não deseja sair do estado em que se encontra.

O nosso trabalho e o nosso papel aqui é o de oferecer apoio, amor, amparo, ajuda e esperar pelo momento do despertar, o qual todo espírito que vive aqui alcançará.

– Todos?

– Todos têm o seu tempo. Alguns passarão séculos aqui em sofrimento; outros, anos; outros, meses; outros, dias; outros, horas; outros, minutos; e outros, apenas alguns segundos.

O SUICÍDIO DE ANA

– E o que determina esse tempo?

– O seu merecimento, o seu estado espiritual, o seu coração, os seus sentimentos, e tudo aquilo que você crê. Isso te traz, te faz ficar, ou te tira desse lugar.

– Eu não desejo passar nem um segundo aqui, Lucas.

– Basta merecer, "fazer por onde".

– Estou tentando, meu amigo.

– Siga em frente, não pare, não desista, modifique-se, transforme-se todos os dias. O resultado... não passarás por aqui.

– Sou muito grato por todos os seus ensinamentos, Lucas.

– Venha, vamos à sala 3.

– Sala 3?

– Sim, alguém nos espera.

– Quem, Lucas?

– Venha e não faça muitas perguntas.

– Vamos. – disse apressando-me.

Entramos no Posto de socorro e dirigimo-nos a uma sala no final do corredor, a qual dá acesso às enfermarias.

Eu pude ver uma placa com os dizeres: Sala 3.

As minhas pernas bambearam, mas eu me enchi de coragem e, orando, me aproximei daquela sala.

O que será que há por detrás daquela porta? Sala 3, como assim?

Lucas abre a porta e convida-me para entrar...

A sala é bem iluminada. Há uma enorme mesa com doze lugares. É uma daquelas mesas de reunião que observamos em grandes empresas.

Havia um quadro preso à parede com algumas anotações.

Um pequeno armário no canto, com folhas de papéis sobre ele.

Uma jarra com água e alguns copos, então, ao centro da mesa.

As cadeiras são azuis, e a mesa era totalmente branca.

Não havia ninguém na sala. Lucas, então, convida-me a sentar.

Sentei-me ao lado dele.

– Vamos ter uma reunião?

– Sim. Vamos esperar pelo nosso anfitrião.

– O Gilberto?

– Sim, ele já sabe da nossa presença e deve estar chegando para o nosso encontro.

– Nossa, que excelente oportunidade, estou mesmo com muitas saudades do Gilberto.

– Aproveite-a.

– Vou aproveitar.

O SUICÍDIO DE ANA

– Osmar, quando estávamos assistindo às vidas de Ana e de Walmir, você lembra que eu disse que já havia passado algum tempo daquele episódio?

– Sim, você disse que estávamos no passado deles.

– Pois é, já se passaram 15 anos daquilo tudo que foi mostrado a você.

– Isso tudo?

– Sim, 15 anos. Você lembra que te falei que o Walmir desencarnou após um infarto fulminante?

– Sim, você só não falou ainda sobre o suicídio de Ana.

– Pois é, mas é isso que iremos revelar agora.

– Estou pronto para escrever, Lucas.

Foi quando eu ouvi um barulho na porta.

Era ele quem chegava, e o meu coração encheu-se de alegria.

Ali estava o Dr. Gilberto. Ao seu lado estavam Alexandre e Isabel.

Ao perceber a minha presença, Gilberto sorriu, deixando-me muito feliz.

– Olá, Osmar.

– Oi, Gilberto. – disse apertando sua mão e levantando-me para cumprimentá-lo.

Alexandre também cumprimentou-me alegremente, e Isabel era só simpatia.

Nos abraçamos felizes com aquele reencontro.

– Sentem-se. – disse Gilberto para seus auxiliares.

– É muito bom tê-lo aqui novamente, Osmar, e agradeço ao Lucas, mais uma vez, por essa oportunidade.

– Eu é quem agradeço pela oportunidade, Gilberto. Como estou feliz em revê-lo. – disse animado.

– Não tens que agradecer, Gilberto. – disse Lucas.

– Nós também estamos felizes. – disse Isabel.

– Vejo que vocês têm tido muito trabalho por aqui.

– Bastante, Osmar. – disse Alexandre.

– Osmar, como está a sua vida estando encarnado?

– Tocando o barco, Gilberto, fazendo o melhor possível.

– Faça o melhor possível sempre, pois isso vai te credenciar para trabalhar nas Colônias, nos Postos de socorro e em todos os lugares da espiritualidade. Eu mesmo sou grato por essa oportunidade, pois dirigir esse Posto não poderia ser melhor. Aqui aprendemos todos os dias, evoluímos todos os minutos e auxiliamos todas as horas.

– Eu fiquei muito surpreso com o que vi quando cheguei aqui Gilberto, vi uma movimentação muito fora do comum.

– Novos tempos, Osmar.

– Estou feliz.

O SUICÍDIO DE ANA

– Ele já está a caminho? – interrompe Lucas.

– Sim. – disse Gilberto. – Já providenciamos o transporte dele.

Logo, eu fiquei muito curioso para saber quem seria a pessoa pela qual estávamos esperando. Não hesitei em perguntar:

– Quem estamos esperando, Lucas?

– O Walmir. – disse Isabel.

– Você poderá acompanhar o resgate de Ana, Osmar. – disse Gilberto.

– Ela está aqui?

– Está no Vale dos Suicidas.

– Iremos buscá-la?

– Sim, uma equipe já está pronta e esperando pelo Walmir para poderem partir.

– É ele mesmo quem irá buscar pela filha dele?

– Como te disse, o Walmir é da nossa Colônia. Ele ainda não sabe que Ana cometeu o suicídio. Apesar de já ter passado muito tempo do ocorrido, resolvemos poupá-lo desse sofrimento.

Na verdade, ele anda muito ocupado em sua tarefa espiritual, e Ana seguiu o caminho dela.

Quando o espírito chega à vida eterna e toma consciência da eternidade, ele busca pela sua evolução. Como sabemos que o destino daqueles que deixamos é o mesmo que o nosso, esperamos por eles sem a preocupação com o que andam fazendo.

– Entendo.

– Ninguém vem para a vida espiritual para ficar tomando conta da vida daqueles que deixamos experimentando na vida corpórea. – disse Alexandre. – Temos muita coisa para fazer por aqui.

– A vida não é terrena, a vida é espiritual, Osmar. – completou Gilberto.

– É verdade, por que nos preocuparíamos com quem ficou, se o destino deles é igual ao nosso?

– Isso, Osmar.

– Em muita coisa vos é poupado o sofrimento. De que adiantaria Walmir saber do suicídio de sua filha? Que benefício traria?

– Nenhum. – disse.

– Por isso, muita coisa vos é poupada. A vida espiritual é um lugar de evolução, conscientização e ascensão. Ninguém está aqui ao acaso, aliás, em nenhum lugar do Universo.

Todos nós fazemos parte de um grande projeto.

– Gratidão, Gilberto.

– Ele chegou. – disse Isabel, levantando-se da mesa e dirigindo-se à porta.

Walmir chegou um pouco assustado, e logo após cumprimentar a todos, sentou-se em uma cadeira ao lado de Gilberto.

– Como está, Walmir?

– Estou bem, Lucas. Quem é esse rapaz?

– Um escritor amigo.

– Seja bem-vindo! Qual é o seu nome?

– Eu me chamo Osmar.

– Seja bem-vindo, Osmar.

– Obrigado, Walmir.

– Walmir, você foi convidado a nos auxiliar em um resgate. O Osmar vai escrever sobre tudo o que acontecer. Ele já escreveu alguns livros conosco, desta maneira, é nosso convidado para essa missão também.

Você, o Lucas, o Alexandre, a Isabel, dois enfermeiros e dois guardiões partirão juntos para esse resgate.

Sabemos que não é o seu trabalho lá em Amor e Caridade, aliás, quero parabenizá-lo pelo que tens realizado no prédio da conscientização.

– Obrigado, Gilberto, faço tudo com muito amor e carinho pelos irmãos aflitos que lá chegam.

– Hoje você nos ajudará nessa tarefa.

– Sou grato. Sempre sonhei com essa oportunidade.

Eu já estive aqui duas vezes para buscar alguns dos meus familiares, e foi muito gratificante poder levá-los para a Colônia.

– Hoje você nos auxiliará no resgate de duas irmãs que estão no Vale dos Suicidas.

– Nunca fui ao Vale dos Suicidas.

– Terás a oportunidade de conhecer.

– Dizem que é um local de muito sofrimento.

– Sim, não aconselhamos ninguém a passar por lá.

– Estou pronto e à disposição do serviço, Gilberto.

– Eu fico feliz e agradeço a você por nos ajudar nessa tarefa.

– Eu é que agradeço sempre pelas oportunidades evolutivas que tenho todos os dias.

– Bem, amigos, está tudo pronto. Os guardiões já estão lhes esperando na saída do Posto de socorro. Que a nossa mentora possa nos ajudar, e que tudo transcorra conforme a vontade do Criador, mas antes, eu gostaria de pedir ao Lucas para que fizéssemos uma prece.

– Com prazer. – disse Lucas, levantando-se.

Ficamos todos em pé, e nos demos as mãos para o início da oração.

Lucas, então, inicia a linda prece:

Querido Deus, lhe agradecemos por mais esse dia.

Agradecemos a oportunidade evolutiva que se mostra a nossa frente.

O SUICÍDIO DE ANA

Rogamos a ti que permita que nossa querida e amada mentora espiritual esteja ao nosso lado nessa hora de resgate.

Pedimos permissão a todos os nossos irmãos iluminados que administram os planos evolutivos da Criação, para que nosso objetivo seja alcançado e que possamos trazer para nosso convívio, os espíritos ao qual iremos buscar.

Somos gratos a ti nosso Deus e a nossa grandiosa mentora Catarina de Alexandria.

Que Deus seja louvado.

Amém.

Todos dissemos *amém*.

Após a prece, abraçamos uns aos outros e nos despedimos.

Eu percebi que o Walmir não sabia de nada, e me contive ao permanecer em silêncio, afinal, eu sou apenas um convidado e nada teria a acrescentar caso falasse algo sobre essa psicografia.

Caminhamos até a entrada principal do Posto de atendimento, onde dois guardiões e dois enfermeiros aguardavam por nós.

Naquele momento, eu parei e olhei para dentro da escuridão a nossa frente e confesso que tive um pouco de medo.

O que será que nos esperava?

Onde estaria Ana?

Por que ela cometeu o suicídio?

Qual seria a reação de Walmir ao reencontrar sua amada filha?

Quem seria esse outro espírito que Gilberto disse que iríamos buscar?

Duas irmãs... como assim?

> "
>
> *A vida é uma das oportunidades que o Pai nos oferece para nos tornarmos melhores a cada dia.*
>
> "
>
> *Osmar Barbosa*

Um pouco mais sobre o Umbral

Repentinamente, sou trazido por Lucas até a minha casa.

– O que houve, Lucas?

– Eu preciso te apresentar alguém.

– Quem meu Deus?

– João.

– Quem é João?

– Ele trabalha no Supremo Tribunal Espiritual.

– Supremo Tribunal Espiritual, o que é isso?

– Osmar, no plano espiritual, tudo é muito bem-organizado. Temos as nossas Leis.

– Leis no plano espiritual, como assim, Lucas?

– Na verdade, Osmar, quando o espírito chega na vida após a vida, a primeira coisa a ser feita é conscientizá-lo, você sabe disso, não é?

– Sim, a conscientização.

– Muito bem. As Leis universais são as que regem toda a existência, elas foram criadas quando houve a criação de tudo.

Para isso, há um tribunal para supervisionar toda a execução dessas Leis.

O SUICÍDIO DE ANA

São espíritos muitíssimo elevados. De uma ordem superior que nos auxiliam sempre que solicitamos.

São os guardiões das Leis universais.

Quando um espírito infringe alguma dessas Leis, ele é levado ao tribunal onde poderá fazer a sua defesa e, também, será conscientizado da falta cometida.

– Ele será julgado?

– Não, conscientizado.

Osmar, não pense que você está livre de ser punido por ter praticado crimes espirituais. Todos nós estamos dentro de um grande projeto chamado evolução, como já lhe disse e, sendo assim, todos devem respeitar e cumprir com algumas regras.

É esse tribunal que conscientiza o infrator, e dá a ele, a oportunidade de reparo, entende?

– Perfeitamente.

Estou impressionado com isso.

– Eu vou fazer o seguinte, em breve, irei procurá-lo para que você possa escrever um livro, ou melhor, possa escrever sobre um dia de julgamento nesse tribunal, assim, vocês poderão entender perfeitamente o que estou falando.

– Já estou ansioso, Lucas.

– Não fique. Em breve, falaremos mais sobre isso.

Agora venha, pois o João está nos esperando.

Lucas levou-me a um prédio realmente parecido com um fórum desses onde trabalham juízes, promotores e advogados.

Eu pude ver uma placa, no alto do prédio, com os dizeres: "Supremo Tribunal Espiritual".

Entramos e dirigimo-nos a uma sala onde havia um senhor sentado nos esperando.

– Venha, Osmar. – disse Lucas, convidando-me a sentar em uma das cadeiras posicionadas à frente do senhor.

– Sejam bem-vindos! – disse o homem.

– João, esse é o Osmar.

– Seja bem-vindo, Osmar.

– Obrigado, senhor.

– Osmar, esse é o João, como havia lhe dito. Ele é assessor aqui da presidência e quer lhe falar.

– Eu agradeço a oportunidade, senhor.

– Meu jovem, é necessário que você coloque em seu livro mais informações sobre o Umbral e, principalmente, sobre o Vale dos Suicidas.

– Sem problema, João.

– Anote tudo o que eu vou te falar.

– Sim, senhor.

– Posso começar?

O SUICÍDIO DE ANA

– Sim.

– Vamos lá!

Em primeiro lugar, é necessário saber que o Umbral ocupa um espaço invisível, que vai do solo em que vocês vivem, até alguns quilômetros de altura, ou melhor, até a nossa atmosfera, para ser mais preciso.

O clima no Umbral é denso, como já pudeste sentir, equivale a um estado de tristeza e desespero para todos. A densidade do lugar não permite a entrada de claridade. Quando é dia no lugar em que vives, poucos raios de Sol se atrevem a penetrar as densas nuvens que encobrem as regiões umbralinas.

A impressão que se tem é de que o Umbral é um longo fim de tarde, em que as nuvens, muito baixas, confundem-se com a névoa que existe no lugar.

À noite, não é possível ver as estrelas, e a Lua aparece com a cor avermelhada entre grossas nuvens, assim como o Sol, quando esse consegue atravessar a densidade daquele lugar.

Há várias cidades no Umbral, como o Lucas já lhe disse.

Existem cidades grandes, médias e pequenas, onde milhares de espíritos vagam sem perceber o real estado deles. Apesar disso, há inteligências que lideram essas cidades. Há, ainda, grupos de nômades e espíritos solitários que habitam pântanos, florestas e abismos.

O Umbral é mesmo terrível, como o senhor já pôde ver.

A vegetação é variada. Muitas vezes, constituída por pouca variedade de plantas. As árvores são de baixa estatura, com troncos grossos e retorcidos e de pouca folhagem, as folhas que se atrevem a nascer são negras e murchas.

Existem também áreas desertas, locais rochosos e lugares de vegetação rasteira, composta de ervas e capim. Um capim escuro, o qual não tens no plano material. Há, ainda, alguns animais sem uma forma definida.

No Umbral, você poderá ver algumas montanhas, vales, rios, grutas, cavernas, penhascos, planícies, regiões de pântano, e todas as outras formas que podem ser encontradas também na Terra.

Como os espíritos sempre se agrupam por afinidade (igual a todos na Terra), ou seja, estão unidos de acordo com o nível vibracional, existem inúmeras cidades habitadas por espíritos semelhantes.

Algumas cidades apresentam-se mais organizadas e limpas do que outras. Mas, todas estão sob o céu negro do Umbral. Seres horríveis vagam pelas estradas escuras, como o senhor também já pôde ver.

Pode-se perguntar: – Por que é permitido que exista essa estrutura negativa com tanto sofrimento? Por que Deus permite tudo isso?

Deus nos permite tudo, meu nobre escritor, Ele vos deu o livre-arbítrio.

O SUICÍDIO DE ANA

O homem tem total liberdade para fazer tudo de ruim ou tudo de bom.

Quando faz ou constrói algo de ruim, o homem acaba se prejudicando com isso e, aos poucos, com o passar dos anos ou dos séculos, vai aprendendo que o único caminho para a libertação do sofrimento rumo à felicidade plena, é a prática do bem.

A experiência de vida na Terra e no Umbral funciona como grande escola, onde aprende-se através do amor ou da dor.

Ninguém vai para o Umbral por castigo. Ninguém está destinado a esse sofrimento. Anote isso em letras garrafais.

– Sim, senhor.

– A pessoa irá para o lugar que melhor se adaptar a sua vibração espiritual no momento do desencarne, ou aquilo que carregar dentro de si. Quando deseja melhorar, existe quem ajude, é para isso que estamos aqui. Mas, quando não deseja melhorar, fica no lugar que escolheu .

Todos os que sofrem no Umbral, um dia são resgatados por espíritos do bem e levados para tratamento para que melhorem e possam viver em planos de vibrações superiores, como vocês poderão acompanhar nessa psicografia.

Existem muitos que ficam nessa região hostil por livre e espontânea vontade, aproveitando do poder e dos benefícios que acreditam ter em seus mundos. Tudo se assemelha.

Há também, no Umbral, várias equipes de socorro, como o senhor pode ver, por exemplo, pela equipe do Dr. Gilberto.

Os Postos de socorro encontram-se espalhados pelas diversas regiões sombrias do Umbral. Esse local de ajuda, semelhante a um complexo hospitalar, é normalmente vinculado a uma Colônia espiritual de nível superior. No caso, o posto pelo qual o senhor visitou pertence à Colônia Espiritual Amor e Caridade.

Neles, vocês encontrarão espíritos missionários vindos de regiões mais elevadas que trabalham na ajuda aos espíritos que vivem nas cidades e regiões umbralinas, e que estão à procura de tratamento ou orientação.

Alguns precisam de refazimento perispiritual, e são levados para outras unidades de tratamento espalhadas nas Colônias espirituais.

Quando o espírito ajudado desperta para a necessidade de melhorar, crescer e evoluir, ele é levado para uma Colônia onde é tratado, e lá, passa seu tempo estudando e realizando tarefas úteis para si e para o próximo.

Caso sintam-se incomodados e mergulhados em sentimentos como o ódio, a vingança e a revolta, acabam retornando espontaneamente para os lugares de onde saíram.

Continuamos sempre com o nosso livre-arbítrio ativado, e o bom livre-arbítrio só é adquirido com muito esforço e transformação.

O SUICÍDIO DE ANA

Tudo é pensamento e atitude. Se tens bons pensamentos e boas atitudes, estarás sempre em bom lugar, do contrário, atrairás aquilo que sentes e deseja. É uma região purgatória, como o senhor poderá observar.

Os Postos de socorro não são cidades como muitos imaginam, mas alguns deles possuem uma grande extensão, semelhante a uma pequena cidade no meio do Umbral, como é o caso do Posto de Socorro de Amor e Caridade.

Muitos desses postos ficam nas regiões periféricas do Umbral. Alguns, encontram-se dentro de suas cidades.

Quando vistos à distância, são pontos de luz e de beleza em meio ao cenário triste, escuro, frio e nebuloso, o qual compõe a paisagem natural do Umbral.

Os Postos de socorro, senhor Osmar, são constantemente procurados por espíritos desesperados e perdidos que estão naquela região buscando por abrigo e por ajuda. Como o senhor pôde observar quando aquela mulher moribunda foi até aquele posto em busca de um remédio.

– Os espíritos que vivem no Umbral ainda estão muito ligados ao mundo material, Osmar, e por isso, sofrem. – disse Lucas.

– Alguns desses Postos de socorro ficam em uma região transitória entre a Terra, e muito próxima do Umbral. – prosseguiu João.

Um lugar que chamamos de transição.

– Entendi.

– Pessoas que acabam de morrer, Osmar, costumam ficar totalmente desorientadas. Muitas não sabem que estão mortas. É fácil imaginar o sentimento horrível e a loucura que uma pessoa nessa situação pode passar, principalmente, os suicidas, não é?

– Certamente.

– Os postos que chamamos de "transição", estão localizados no mundo invisível, exatamente no mesmo local onde estão hospitais, cemitérios, sanatórios, presídios, igrejas, centros espíritas etc.

São nesses locais que podemos encontrar os espíritos de pessoas que acabaram de desencarnar ou que estão procurando por algum tipo de ajuda.

São construções energéticas que, para os espíritos dessa frequência, são tão sólidas quanto os objetos da dimensão terrestre.

Os espíritos mais sutis conseguem atravessar esses ambientes porque são mais rarefeitos, mas, para quem está naquela dimensão, os objetos são tão densos quanto os da Terra.

A pessoa se vê num ambiente propício para a recepção de recém-desencarnados, onde o que sobrou do cordão de prata é, então, rompido. Ela acorda em um hospital extrafísico após a morte, não necessariamente porque esteja doente, mas sim, para romper essa conexão. Esses hospitais são locais de transição, lembre-se disso.

O SUICÍDIO DE ANA

Dali, o espírito passa para uma dimensão correspondente ao seu nível. Os laços, após desfeitos, o libertam para seguir o seu destino.

– O senhor está compreendendo?

– Sim, João.

– Osmar, os nossos pensamentos e as nossas emoções são plasmados energeticamente em nossa aura, em nosso corpo perispiritual. Desta forma, nós somos a somatória do que pensamos, sentimos e fazemos durante a vida. – disse Lucas.

– Entendo.

– Todas as noites, ao desprender-se do corpo físico, o corpo espiritual carrega com ele a vibração de tudo o que ocorreu durante aquele dia.

Na hora da morte, a vibração do corpo espiritual, ou seja, vosso perispírito, é a soma de tudo o que você pensou, sentiu e fez durante uma vida inteira.

Pode-se dizer que cada pessoa que desencarna carrega consigo um campo vital contendo tudo o que ela é, como resultado de tudo o que ela desenvolveu e fez em vida.

Quem tem uma vibração 'x' no corpo espiritual, após a morte, é atraído para o plano extrafísico de uma dimensão 'x', compatível com a vibração correspondente. – disse João.

– Nossa, quanto aprendizado.

– E tem mais, Osmar.

– Vamos em frente.

– O plano espiritual é dividido em subdimensões.

Muitos as dividem em sete níveis, outros, em três.

Os que dividem em três níveis, fazem da seguinte maneira: plano astral denso, plano astral médio e plano astral superior.

No denso, estariam as pessoas complicadas, seria o chamado Umbral, o Inferno.

O plano astral superior seria o Paraíso do Espiritismo.

E o plano astral médio seria o local onde encontram-se as pessoas mais ou menos, ou seja, iguais a nós.

Em outras palavras, meu amigo, a maioria.

– Meu Deus!

– A palavra Umbral, Osmar, significa muro, e é a divisória entre o plano terrestre e o plano astral mais avançado.

Uma divisória vibracional, pela qual não é possível atravessar aquele que possui um corpo espiritual denso, é como uma peneira vibracional.

– Uma vez, a Nina me disse que "Inferno e Paraíso são portáteis", ou seja, a gente carrega dentro de si. Se estivermos bem, o Paraíso estará dentro de nós.

– É exatamente isso. – disse João.

O SUICÍDIO DE ANA

Quando você sai do corpo nessa condição, você é atraído automaticamente por uma vibração semelhante àquela que existe em seu interior. – A passagem para o Paraíso está dentro de vós. – E o Inferno é a mesma coisa, é um estado íntimo, você está entendendo?

– Sim, João.

– Imagine, por exemplo, uma pessoa com sentimento de auto-culpa e a compare com aquela clássica imagem do diabo colocando alguém dentro de uma caldeira e espetando esse alguém. Veja, a auto-culpa espetará muito mais do que qualquer diabo, porque não é preciso o Inferno vir de fora: ele já está dentro, e o diabo é você mesmo. Vosso Paraíso é portátil, levas ele dentro de vós.

– Creio muito nisso.

– O Umbral é uma região muito pesada, Osmar, porque reflete o estado íntimo de quem lá está.

Você encontra lugares que lembram abismos, cavernas escuras, entre outros, mas é tudo exteriorizado do subconsciente dos espíritos, como formas mentais. Quando você olha lá no fundo desses abismos, você vê que está cheio de espíritos, mas eles não voam, pois são densos.

– Confesso que estou muito impressionado com tudo isso.

– Tem mais... é possível encontrar favelas no plano espiritual, cidades medievais.

Os espíritos vivem presos à formas mentais das quais, muitas vezes, são difíceis de escapar. São a esses indivíduos que os seres evoluídos buscam ajudar nessas dimensões. Como você já pôde relatar em outras psicografias.

– Sim, sou muito grato a tudo o que aprendo com vocês.

– Essa é a nossa humilde contribuição para o seu livro, Osmar. – disse João.

– Eu agradeço pelos esclarecimentos e espero nunca estar nesse lugar.

– Isso só depende de você.

Naquele momento, Lucas se levantou.

– Vamos Osmar, o nosso grupo está nos esperando.

João também levantou-se, nos cumprimentou com um aperto de mão e disse:

– Te espero para escrevermos sobre o nosso Tribunal.

– Eu voltarei, meu amigo.

Lucas e eu saímos do Tribunal, e ele me levou novamente ao Posto de Socorro onde todos estavam nos aguardando.

Logo que chegamos, Lucas e Alexandre fizeram uma pequena reunião conosco, antes de começarmos a nossa caminhada em direção ao Vale dos Suicidas.

Todos nós, Lucas, Alexandre, Isabel, Walmir, eu, dois guardiões e dois enfermeiros de nomes Feliciano e Carlos, fizemos um círculo em frente ao pronto-socorro em que estávamos.

O SUICÍDIO DE ANA

Os guardiões eram, na verdade, dois soldados romanos, digo isso pelas suas vestimentas.

Seus nomes eram Aramis e Sócrates.

Eles eram de poucas palavras.

Estavam vestidos com um uniforme romano vermelho. Usavam uma capa bem curta. Tinham espadas e lanças bem afiadas, além de uma faca que mantinham na cintura.

Alexandre, então, começa a falar:

– Senhores, é de suma importância mantermos a nossa calma e estarmos focados no resgate desses espíritos, os quais tivemos permissão para ir buscar.

O lugar que adentraremos agora é denso, sombrio, frio, enlameado e fétido.

Vocês irão ver vários espíritos em sofrimento profundo, mas infelizmente, nada poderemos fazer por esses irmãos. Haverá, assim como há, o tempo certo para cada um deles.

A nossa permissão e missão, neste momento, é o de buscar por nossas duas irmãs. Elas estão em regiões diferentes, embora estejam no mesmo lugar.

O Vale dos Suicidas é bem grande, como todos sabem.

Há cavernas, pântanos, montanhas, prédios abandonados, casas em ruínas, becos sombrios, enfim, muito sofrimento. Quase não tem luz por lá, por isso, precisaremos usar das tochas que os nossos queridos guardiões já providenciaram.

O mais importante é nos mantermos unidos em nosso propósito, e não desviar o nosso pensamento do nosso principal objetivo, pois como todos sabem, pensamento aqui é tudo.

Alguma pergunta?

– Sim, eu tenho uma pergunta. – disse Walmir.

– Pois não, meu irmão.

– Quem iremos buscar?

– Ainda não temos permissão para revelar os nomes, Walmir, mas, no momento certo, todos saberão de quem se trata esse resgate.

Mais alguma pergunta, pessoal?

– Sim. – disse Walmir.

– O que quer saber agora, meu irmão?

– Perdoem-me pessoal, mas é que eu nunca estive nesse lugar. Vocês poderiam me falar mais sobre ele? Por que tem esse nome? Já me disseram tanta coisa que agora estou com medo de adentrar essa região.

– Não tenha medo, eu vou te explicar. – disse Isabel.

O Vale dos Suicidas é, certamente, o pior lugar em que um espírito possa estar.

O local para onde iremos é de profunda tristeza, arrependimentos e sofrimento. Os espíritos que lá se encontram, com certeza, fizeram a pior escolha.

O SUICÍDIO DE ANA

A vida é dádiva, e por ser um presente de Deus, nunca se deve atentar contra ela.

Como já dissemos, o lugar é frio, sombrio e fétido. Lá, chove todos os dias, o que faz da região um enorme pântano, onde vermes passeiam entre os corpos espirituais apodrecidos mentalmente.

— Você deve manter a serenidade, pois nós estaremos ao seu lado para te dar todo o apoio necessário a essa missão. – disse Lucas, entrando na conversa.

– Eu agradeço, meus irmãos, e peço desculpas pelas minhas perguntas, indagações e insegurança.

– Não tem problema. – disse Alexandre.

– Senhores, é hora de partirmos, por favor, nos ajudem com essas sacolas. – disse Sócrates, mostrando para nós alguns sacos amarrados pela boca com uma fina corda.

Cada um de nós pegou por um daqueles sacos, e pusemo-nos a caminhar seguindo os guardiões.

Os enfermeiros levavam duas macas dobráveis e tinham também uma mochila nas costas, cada um deles.

Entramos em uma trilha na parte central do Umbral. Parecia que era noite. A escuridão era total, e eu quase não enxergava nada a nossa frente.

Mas, estávamos caminhando em fila. Assim, nos distanciamos rapidamente do Posto de Socorro.

Foi quando eu me aproximei de Lucas e puxei assunto com ele.

– Lucas?

– Sim.

– Podemos conversar?

– Sim, claro.

– Sabe, eu já estive algumas vezes aqui no Umbral com você, com a Nina e com outros espíritos.

– Sim.

– Uma vez, eu passei pelo Vale dos Suicidas e confesso que não gostei de nada do que vi por lá.

– Realmente o Vale é um lugar indesejável até para nós.

– Não há espíritos como você por lá?

– Não, e embora esteja sob a supervisão dos superiores, o Vale dos Suicidas é praticamente abandonado.

– Por que, Lucas?

– Porque há muito lamento. Acredito que nenhum espírito que esteja consciente do que realmente é, goste ou sinta prazer em ver o sofrimento alheio, seja ele qual for.

– É verdade.

– Por isso, o Vale é solitário, Osmar.

– Quer dizer que vocês não ficam lá?

O SUICÍDIO DE ANA

– Não. Ninguém quer viver lá. Só vamos mesmo quando temos alguém para buscar.

– Ah, foi bom você falar nisso. Por que nós não estamos indo buscar a Ana?

– Fale baixo!

– Perdoe-me, Lucas. Mas, se vamos buscá-la, por que disseram que tem outra mulher para resgatarmos?

– Você verá quando chegar lá.

– Por que não contaram a verdade para o Walmir?

– Nós não mentimos para o Walmir.

– Sim, vocês não mentiram, mas também não disseram a ele que estamos indo buscar por sua filha.

– Ela não é filha dele, ela foi a filha dele em uma das encarnações.

– Como assim?

– A Ana está ligada ao Walmir por muitas vidas, essa é apenas mais uma vida. Vocês têm mania de dizer isso.

– Isso o quê, Lucas?

– Minha mãe, meu pai, minha avó, meu tio...

– Sim, são nossos familiares.

– Seu pai de ontem, pode ser seu irmão de hoje. Sua irmã de hoje, pode ter sido sua avó de ontem, e por aí vai.

126

– Como devemos dizer, então?

– Meus afins.

– Meus afins?

– Sim, os espíritos se ligam pelas encarnações e traçam novos destinos na erraticidade.

Vejamos... você vive uma experiência ao lado de um espírito, apaixona-se por ele, e então, você acha que essa paixão termina ou se desfaz em apenas uma vida? Seria Ele perfeito se o amor que você nutriu e nutre por algum espírito chegasse ao fim com a morte do corpo físico?

– Pensando como Ele, certamente que não.

– Pois é exatamente assim que tudo acontece. Você se liga a outro espírito, apaixona-se por ele, e decidem que vão se ajudar para alcançar os planos superiores, pois é lá que está a felicidade plena. Decididos por esse caminho estaremos nos ajudando, encarnando e desencarnando, vivendo a vida espiritual e terrena, sempre ajudando também àqueles que amamos profundamente a tornarem-se melhores, simples assim, Osmar.

– Agora eu entendi o motivo de vocês não falarem antes para o Walmir que estamos indo buscar por sua filha.

– O amor, Osmar, o amor.

– Como vocês são inteligentes.

– Obrigado, Osmar.

O SUICÍDIO DE ANA

– Certamente, se ele soubesse antes que seu espírito afim, ou seja, a Ana, tivesse cometido o suicídio, agora ele estaria muito triste.

– O suicídio não é solução para nenhum problema. O suicídio é um atraso imperdoável. Quando você tira a própria vida, você volta ao estágio de 'inferior', e por ser inferior você terá que refazer todo o caminho percorrido até aqui, até chegar novamente à condição de espírito 'expiando'.

– É essa que eu estou agora?

– Sim, quando vocês estão encarnados, estão na condição de 'expiação e provas'. Aproveitem ao máximo essa oportunidade. Tirem o melhor das experiências, das provas, das oportunidades, e dos momentos ao lado daqueles que permanecerão encarnados após a sua saída.

"A vida é oportunidade imperdível para a evolução".

– Obrigado, Lucas. Eu posso te fazer outra pergunta?

– Sim, claro.

– Por que as pessoas cometem o suicídio?

– São várias as causas que conduzem o encarnado ao suicídio, e todas indicam que é pelo desconhecimento de como funcionam a justiça e a misericórdia divina, pelo materialismo severo, solidão, depressão, enfermidades incuráveis, violência, pobreza extrema, fanatismo religioso, negligência, abandono, distúrbios, abandono familiar, perdas afetivas, desesperança, obsessão, drogas, abusos de todos os tipos, dentre outras causas.

– Meu Deus!

– São variados os motivos que levam o espírito ao suicídio, mas o principal na minha humilde opinião, é o desconhecimento de si mesmo, da essência divina que há em toda a criação.

A preguiça de raciocínio, de estudo, de dedicação e de amor ao próximo. A falta de orientação e dedicação para evangelizar-se atrapalha muito o desenvolvimento espiritual de todos nós.

Essas são as principais causas do suicídio, porque aquele que crê é amparado.

O que auxilia, é auxiliado. O que ama, é amado.

Lembre-se sempre dessas palavras, desse ensinamento que eu tive o privilégio de escrever quando estive em minha última encarnação:

Certo dia, Jesus estava orando em determinado lugar. Tendo terminado, um dos seus discípulos lhe disse: "Senhor, ensina-nos a orar, como João ensinou aos discípulos dele".

Ele lhes disse: Quando vocês orarem, digam:

"Pai!

Santificado seja o teu nome.

Venha o teu Reino.

Dá-nos cada dia o nosso pão cotidiano.

Perdoa-nos os nossos pecados, pois também perdoamos a todos os que nos devem.

E não nos deixes cair em tentação".

O SUICÍDIO DE ANA

Então lhes disse: "Suponham que um de vocês tenha um amigo e que recorra a ele à meia-noite e diga: 'Amigo, empreste-me três pães, porque um amigo meu chegou de viagem, e não tenho nada para lhe oferecer'".

"E o que estiver dentro responda: 'Não me incomode. A porta já está fechada, e eu e meus filhos já estamos deitados. Não posso me levantar e dar a você o que me pede'".

Eu digo: Embora ele não se levante para dar-lhe o pão por ser seu amigo, por causa da importunação se levantará e lhe dará tudo o que precisar.

"Por isso digo: Peçam, e será dado; busquem, e encontrarão; batam, e a porta será aberta.

Pois todo o que pede, recebe; o que busca, encontra; e àquele que bate, a porta será aberta."

"Qual pai, do meio de vocês, se o filho pedir um peixe, em lugar disso lhe dará uma cobra?

Ou, se pedir um ovo, lhe dará um escorpião?

Se vocês, apesar de serem maus, sabem dar boas coisas aos seus filhos, quanto mais o Pai que está nos céus dará o Espírito Santo a quem o pedir!"

– É orando e adorando que nos aproximamos do amor do nosso Pai, Osmar.

Aquele que precisa de ajuda e roga aos céus com toda a sua fé, os céus vos envia o socorro necessário.

A falta de amor, de empatia, de união e de família, tem aumentado muito o número de suicidas. Mas, nós estamos aqui Osmar, para amparar e auxiliar, sempre que somos requisitados.

Agora, venha. Vamos nos aproximar dos nossos amigos.

Eu nem tinha reparado, mas estávamos bem distantes dos nossos companheiros de viagem.

Rapidamente, nos aproximamos do grupo que caminhava em silêncio.

À frente, iam os guardiões. Um pouco distante, íamos nós enfileirados por uma estreita trilha escura e enlameada.

As horas pareciam séculos. Tinha a impressão que não saíamos do lugar, embora já estivéssemos caminhando há um bom tempo.

Lucas, ao meu lado, por vezes olhava para mim e sorria. Parecia que desejava transmitir paz.

Continuamos a caminhar e a minha curiosidade só aumentava. Quem iríamos resgatar naquele dia?

Foi quando fiz uma pergunta, a qual todos nós espíritas costumamos fazer sobre as missões de ajuda e amparo no Umbral.

– Lucas, eu posso te perguntar mais uma coisa?

– Sim, claro, Osmar.

– Por que não estamos volitando?

– Volitando?

– Sim, por que estamos caminhando e não volitando?

– Você sabe o que é volitar?

– Acho que sim.

– O que é?

– É transportar-se pelo poder da mente. Não é isso?

– Osmar, no plano espiritual o deslocamento acontece a partir da força do pensamento, esse movimento chama-se Volitação. **Volitar** é a capacidade que o espírito tem de deslocar-se em seu plano, porém, essa condição e a velocidade do movimento varia de acordo com o grau evolutivo de cada espírito, entende?

– Sim.

– Sendo assim, é quase impossível volitar nas regiões de sofrimento do Umbral. Mesmo porque, nem todos os espíritos que estão nessa missão tem condições evolutivas para tal feito.

– Entendi, Lucas. Obrigado!

– Não agradeça.

– Já sei, escreva.

– Isso, escreva.

Continuamos a caminhar pela estreita trilha do Umbral.

Para qual lugar estávamos indo?

Quem seria o espírito de nosso primeiro resgate?

> " O suicídio não resolve as angústias de ninguém "
>
> *Osmar Barbosa*

O resgate de Lívia

Caminhamos por algumas horas até que Alexandre sugeriu uma parada, pois estávamos andando há bastante tempo, e era necessário fazermos uma pausa.

Todos concordaram.

Paramos em um local seco e um pouco claro, embora a escuridão prevaleça em todos os cantos do Umbral.

Feliciano e Carlos, abriram suas macas e nos sentamos sobre elas.

Isabel sentou-se ao lado de Alexandre em uma elevação que havia muito próxima a nós.

Aramis e Sócrates afastaram-se um pouco do grupo, mas permaneciam vigiando o lugar.

Naquele momento, eu pude ver alguns vultos escuros que passavam por detrás de Walmir, que estava sentado sozinho e um pouco afastado de todos nós.

– Lucas?

– Sim.

– Por que o Walmir sentou-se longe de todos nós?

– Deve estar pressentindo o que irá viver.

– Pressentindo?

– Sim. Ele ainda está ligado a esses espíritos aos quais iremos resgatar.

Sabe Osmar, quando você está em outro plano, em outra dimensão e longe daqueles que ficaram encarnados, você até leva uma vida normal, sem perceber e nem sequer lembrar dos sentimentos que existiam entre vocês, mas quando você se aproxima deles novamente, o sentimento começa a renascer intensamente em seu coração e, às vezes, essa percepção causa espanto ao espírito que não está acostumado a essas experiências.

– Quer dizer que a distância faz bem?

– Sim, podemos afirmar que sim. A encarnação é expiação difícil, muito difícil. Há a necessidade de ter fé acima de tudo, acreditar que és maior que a curta existência terrena.

Quando nos aproximamos daqueles que amamos profundamente, o nosso campo vibracional expandido nos afeta, desta forma, podemos sentir quando as coisas não estão bem com aqueles que tanto amamos, principalmente, com aqueles que cometeram o suicídio.

Estando o espírito em sofrimento profundo, ele exterioriza essa dor, que pode ser sentida por nós. É bom lembrar que quando estamos ligados a outro espírito criamos laços que chamamos carinhosamente de laços eternos.

Essa sintonia espiritual expandida pode ser sentida a quilômetros de distância.

– Meu Deus, quer dizer que o meu sofrimento pode afetar àqueles que me amam profundamente, mesmo que estejam desencarnados, ou longe de mim?

– Só depende da distância e da elevação moral do espírito desencarnado.

Osmar, a dor, a saudade e a tristeza são sentimentos de dois mundos. Tudo o que você sente é refletido em algum lugar.

O Walmir já está em condições de sentir essas vibrações, por isso, agora, ele começa a sentir-se estranho.

– Ele não sabe que sentimento é esse?

– Ele sente a angústia que o espírito ligado a ele também sente. Essa dor, o arrependimento, as lamúrias, o sofrimento... todos esses sentimentos são exteriorizados pelo espírito afim e são captados pelo Walmir. Laços eternos, lembre-se disso.

– Entendi. Isso mostra realmente que o suicídio tem muito mais consequências do que imaginamos.

– O suicídio é doloroso para todos, principalmente, para os que nos amam profundamente.

– E vocês não vão fazer nada pelo Walmir?

– Ele vai nos procurar para saber o que está acontecendo com ele. Na medida em que vamos nos aproximando de seus afins, esse sentimento só tende a aumentar. É só esperar...

O SUICÍDIO DE ANA

– Que sabedoria.

– Obrigado, Osmar, mas não é bem sabedoria, e sim, paciência.

– Compreendo, Lucas.

Naquele instante, Alexandre pede a todos que se reúnam, pois deseja falar.

Imediatamente, agrupamo-nos sentados em círculo.

Walmir parecia não estar bem.

– Olhe Lucas, o Walmir não está nada bem. – disse baixinho.

– Tenha calma, ele pedirá a nossa ajuda.

Alexandre, então, levanta-se para falar a todos nós naquele momento. Os únicos que não se sentaram em nenhum momento foram os guardiões.

– Meus amigos, agora iremos ao encontro da primeira irmã a qual tivemos a permissão de resgatar.

Ela encontra-se no lamaçal.

É um lugar de difícil acesso, mas entraremos com a ajuda dos nossos guardiões, e após resgatarmos essa nossa irmã, eu recomendo sairmos o mais rápido possível de lá.

Trata-se de uma jovem senhora que há, precisamente, dezessete anos, largou o corpo físico por deliberação própria, ingerindo uma alta dosagem de remédios controlados.

Ela suicidou-se na cidade de São Paulo, aos 43 anos de idade. Viúva, aventurou-se em outro relacionamento que só lhe trouxe tristeza e desgraça. O suicídio ocorreu após alguns anos envolvida em um relacionamento abusivo, entre outros acontecimentos que lhe perturbavam a alma.

Era e ainda é uma mulher que não tem fé religiosa. Ela sequer imaginava que iria encontrar vida após a vida.

Quando sobreveio a morte do corpo, primeiro ela ficou inconsciente por longos anos, mas também teve momentos de lucidez, os quais lhe causaram grande sofrimento.

Ao lado de terrível sofrimento, um remorso indefinível tomou conta dela. Certamente, ela irá nos contar tudo o que viveu e está vivendo nesse momento. Eu vou deixar que ela mesma fale para todos vocês o que tem vivido ao longo desses sofríveis dezessete anos.

Naquele momento, Walmir pediu para falar.

– Meus amigos, eu preciso de ajuda.

– O que houve, Walmir?

– Não me sinto bem. Há algo nesse resgate que eu preciso saber.

– O que você está sentindo?

– Uma angústia muito grande, Alexandre, uma vontade de chorar indescritível, não estou conseguindo me equilibrar.

Nesse instante, Isabel sentou-se ao lado de Walmir, pegou em sua mão e começou a lhe revelar sobre o que estávamos fazendo no Umbral.

O SUICÍDIO DE ANA

– Walmir, fique calmo e procure controlar sua respiração. Respire devagar e tenha bons pensamentos. Procure lembrar das pessoas que você mais ama.

– Está bem, Isabel.

– Tente respirar lentamente e não se preocupe com nada, pois estamos ao seu lado.

– Está bem, Isabel.

– Sente-se melhor?

– Sim, estou melhorando.

O que Walmir não percebeu foi que Isabel transmitia a ele, pelas mãos, uma energia de equilíbrio.

Um cantil com água foi oferecido a Walmir, que bebeu alguns goles lentamente.

Isabel continuava com a sua tarefa e, de suas mãos, saíam luzes com variadas tonalidades de azul. Depois, transformavam-se em tons de violeta.

Walmir estava com os olhos cerrados, e quase deitado sobre o colo de Isabel.

Ficou tudo iluminado ao nosso redor.

Após alguns minutos, Isabel perguntou:

– Sente-se bem agora?

– Sim, estou bem melhor. – disse Walmir.

– Abra seus olhos.

Walmir abriu os olhos e fitou a todos nós que estávamos esperando pela sua melhora.

– Obrigado, meus amigos! – disse Walmir emocionado.

– Não tens que agradecer. – disse Lucas.

– Acalme-se, pois temos uma grande tarefa pela frente. – disse Alexandre.

– Estou bem. – garantiu Walmir.

– Walmir, nós estamos aqui para buscar a Lívia. – disse Isabel.

Olhando para Isabel, ele começa a chorar.

– Não chore, meu irmão. – disse Alexandre, se aproximando.

Sócrates aproxima-se trazendo novamente o cantil com água, que é oferecida a Walmir.

– Beba um pouco de água, meu irmão.

Trêmulo, ele pega o cantil e bebe um bom gole d'água, novamente.

– O que ela fez com a vida dela? Por que ela fez isso? Eu sabia que tinha algo de errado nesse lugar, pois a angústia que eu sentia em meu peito me alertava sobre algo muito ruim. Onde ela está? Como ela está?

– Saberemos em breve, Walmir, fique calmo.

– Infelizmente, ela tirou a própria vida, e foi após algum tempo da sua morte, Walmir. – disse Isabel.

O SUICÍDIO DE ANA

– Mas, é a pior escolha... por que ela fez isso? Eu falei diversas vezes lá em casa sobre as terríveis consequências para quem comete o suicídio. É uma falta muito grave...

– Sim, mas ela não era espírita como você, Walmir, ela não tinha entendimento.

– Eu sempre quis levá-la para o Centro Espírita. Fiz de tudo para levar a Ana e ela para lá. Meu Deus, por que permitistes isso?

– Você fez a sua parte, meu irmão. – disse Alexandre.

– E agora? E agora, meu Deus?

– Agora, chegou o momento de buscá-la. – disse Lucas. – Fique calmo, pois eu posso lhe assegurar, Walmir, que o pior já passou.

Secando as lágrimas com as mãos, Walmir implora para irmos logo buscar pela Lívia.

– Vamos logo, meus amigos, vamos buscar a minha esposa. Embora eu tenha me separado dela, eu a perdoo e quero muito ajudá-la a sair desse maldito lugar.

– Já temos a permissão, agora só falta achá-la. – disse Alexandre.

– Vocês não sabem onde ela está?

– Sabemos a região, mas fique tranquilo, pois nós a encontraremos. – disse, novamente, Alexandre.

– Vamos, senhores. – disse Isabel, se levantando.

Nos levantamos também, pegamos as nossas coisas, e voltamos para a trilha.

Após alguns minutos, chegamos a uma estrada, larga e seca.

Walmir estava melhor. Ele estava calmo e determinado a achar Lívia.

Foi quando me aproximei dele para conversarmos, na verdade, eu estava com muita pena daquele irmão.

– Walmir?

– Sim.

– Você está melhor?

– Sinto uma angústia no peito, mas o Lucas disse que isso é normal. Ele disse que isso vai passar logo, assim que encontrarmos a Lívia, e eu confio muito em meus amigos.

– É, ele me falou sobre sentirmos o que aqueles que amamos sentem.

– Não vejo a hora de encontrá-la e tirá-la desse lugar. Na verdade, eu estou muito angustiado para saber o que ela fez para estar aqui? Por que ela fez isso? O suicídio é muito doloroso e todos sabem disso.

– Vamos encontrá-la, fique calmo.

– Eu estou bem, escritor.

– Obrigado pelo escritor.

O SUICÍDIO DE ANA

– É que eu esqueci o seu nome.

– Osmar.

– Desculpe-me, Osmar, é que estou muito nervoso.

– Eu compreendo. Fique calmo, nós a encontraremos. Vai dar tudo certo.

– Tenho certeza disso. Tenho fé que logo resolveremos essa questão, e que a Lívia vai parar de sofrer.

Estávamos caminhando um ao lado do outro em silêncio por alguns minutos, até que Aramis pede que nos abaixemos.

– Abaixem-se todos rapidamente! – disse em voz alta.

Nos abaixamos no canto da estrada.

Naquele momento, ouvimos um barulho muito alto. Pareciam cavalos galopando em nossa direção.

– Venham! – disse Sócrates, mostrando para nós uma pequena gruta onde deveríamos nos esconder.

– Venham rápido! – disse Sócrates correndo para o lugar.

Todos nós corremos e nos escondemos dentro da pequena e escura caverna.

Foi quando vimos passar uma caravana de obsessores, todos montados em búfalos negros com dentes de sabre. Pareciam animais pré-históricos, algo terrível e estranho para aquele lugar.

A visão é de horror.

144

Eu confesso que tapei os olhos com medo daqueles terríveis espíritos e, principalmente, dos búfalos gigantescos.

Após alguns minutos, a grande caravana havia passado e nós voltamos à estrada para continuar com a nossa busca.

– O que foi isso, Aramis?

– Uma grande caravana de obsessores.

– O que eles fazem aqui?

– Estão capturando espíritos sem consciência para levá-los para as suas estruturas.

– Você pode explicar melhor?

– Lucas! – gritou Aramis.

– Sim, amigo.

– O escritor está com algumas dúvidas aqui, você pode orientá-lo?

– Claro, estou indo. – disse Lucas vindo em nossa direção.

– Não é que eu não queira responder, Osmar, é que a explicação fica melhor vindo do Lucas.

– Obrigado, Aramis, e perdoe-me pelas perguntas.

– Não tens que pedir perdão, converse com o Lucas, por favor.

– Pode deixar.

Lucas finalmente chega perto de nós.

O SUICÍDIO DE ANA

– O que houve, Osmar?

– Eu estava perguntando ao Aramis sobre essa caravana que acaba de passar por nós, e ele me disse tratar-se de obsessores que estão à captura de espíritos sem consciência para levá-los para as suas estruturas.

– E qual é a sua dúvida?

– Sem consciência? Estruturas? O que é isso?

– Magos negros que vivem há muito tempo aqui no Umbral. Eles capturam espíritos semiconscientes para escravizá-los.

Existem cidades inteiras dominadas por esses magos aqui no Umbral, como você já pôde ver. Eles estão aqui há milhares de anos, e são extremamente inteligentes.

Quando alguém comete o suicídio e acorda nessa região, imediatamente o arrependimento toma conta de todo o seu ser. Muitos espíritos entregam-se a esses sentimentos e desejam até morrer novamente, tamanha é a dor que sentem por terem desprezado a oportunidade terrena.

Ficam como zumbis, perdidos sem nada na mente. Culpando-se e lamentando o ato praticado.

É nesse momento que esses obsessores, verdadeiros exércitos de magos, capturam esses irmãos e os levam para serem doutrinados e escravizados em suas fortalezas, ou estruturas, como alguns as chamam.

– Meu Deus!

– Há muita coisa que vocês ainda precisam saber sobre o Vale dos Suicidas, Osmar.

– Você pode nos revelar mais coisas?

– Sim, no momento oportuno eu falarei mais um pouco sobre os obsessores e sobre esse lugar.

– Obrigado, Lucas.

– Não agradeça.

– Já sei... escreva.

– Isso.

Naquele momento, Walmir se aproximou de nós e perguntou:

– Estamos longe?

– Já estamos chegando. – disse Aramis, que continuava calado ao nosso lado, ouvindo as explicações do Lucas.

Após uma hora de caminhada, chegamos a uma pequena vila de casas bem antigas e destruídas.

Eram todas de tábuas bem velhas, e todas eram cinzas e tinham uma pequena varanda na frente delas.

Não havia árvores e muito menos vegetação naquele lugar. Somente uma névoa que envolvia a tudo.

Naquele momento, começamos a ouvir lamentos. Ouvimos pessoas chorando e implorando por ajuda. Algumas não tinham mais voz para implorar por ajuda, e apenas agonizavam sofridos lamentos roucos de dor.

No final dessa vila havia um enorme lamaçal, e foi para lá que nos dirigimos.

Meus irmãos leitores, e amigos, escrevo livros há mais de dez anos, e confesso que nunca imaginei que pudesse existir lugar de tanto sofrimento.

Vivo desdobrado no Umbral e nas Colônias escrevendo tudo o que vejo e sinto, e confesso que nunca tinha visto nada igual àquele lugar. Espero, sinceramente, que nenhum de vocês passem por esse local. Espero que esse livro desperte consciências e a certeza de que o suicídio não vale a pena em nenhuma circunstância.

Eu fiquei muito triste com a cena a qual presenciei e irei relatar a vocês, e devo informar, mais uma vez, o quanto eu não desejo aquela tenebrosa região a ninguém.

O lamaçal é enorme. Os espíritos ficam enterrados nele somente com a cabeça para fora. Alguns conseguem levantar os braços e acenar em busca de algo que não existe naquele frio e escuro lugar.

Eu vi naquele trágico dia centenas, ou melhor, milhares de espíritos, enterrados ali. Eram muitos mesmo.

Alguns ainda conseguiam se comunicar, mas, a maioria, infelizmente, estava desmaiada e boiando sobre a negra e escura lama.

Pareciam defuntos semienterrados. Pedaços de corpos compunham o ambiente mórbido e sombrio.

Seus corpos estavam podres, espedaçados, pálidos e totalmente imersos na lama negra e fedida. Dela saía uma fumaça densa que quase não permitia que enxergássemos direito. Era como se fosse um pântano escuro e sombrio.

Foi assim que encontramos a Lívia.

Após uma busca minuciosa, Aramis retirou Lívia do poço em que ela se encontrava.

Ela estava desmaiada e muito suja.

Alguns espíritos com um pouco mais de consciência imploravam para que nós os tirássemos dali. Eram muitos lamentos e muitos pedidos de socorro.

Eu pude ver jovens, senhoras, rapazes... todos implorando por ajuda.

Infelizmente, nada podíamos fazer... o meu coração foi tomado por uma tristeza profunda. Foi quando Lucas aproximou-se de mim e disse:

– Não fique assim, Osmar. Colhe-se na vida espiritual a semeadura da existência terrena. Esses irmãos fizeram a pior escolha e, infelizmente, nada podemos fazer por eles.

Aqui é o local onde o suicida lamenta muito pelo que fez. É aqui que se colhe pelo ato inútil de findar a própria vida.

O SUICÍDIO DE ANA

– É aqui, meu nobre escritor, que todos lamentam muito por não terem ouvido seus anjos guardiões, seus mentores espirituais, os quais imploravam para que esses espíritos não fizessem o que infelizmente fizeram. – disse Aramis, que estava ao nosso lado.

– Nós mentores e os anjos da guarda, nada podemos fazer por quem tira a própria vida. Não temos permissão para entrar aqui e auxiliar àqueles que guardamos por anos com nosso amor e carinho. – completou Lucas. – É aqui que acontece a pior dor, posso lhe assegurar.

– Que dor é essa, Lucas?

– A dor do arrependimento.

– Que Deus tenha piedade desses irmãos.

– Ele tem, Osmar, e é por esse motivo que estamos aqui. Pelo amor de Deus por seus filhos.

Lentamente, fomos nos afastando do lamaçal.

Após alguns minutos, e após vários passes espirituais ministrados por Isabel, Lívia finalmente acordou, mas ainda muito desorientada. Ela se quer reconheceu Walmir, que a pegou no colo.

Naquele momento, afastamo-nos ainda mais rapidamente daquele lugar.

As suas roupas eram farrapos. Seus cabelos estavam totalmente enlameados, sua aparência era magra e pálida, Lívia mal conseguia falar direito. Ela balbuciava alguma coisa inaudível, que não entendíamos.

Isabel, ao seu lado, emanava uma luz de cor verde sobre o seu peito. Foi quando Alexandre estendeu suas mãos e auxiliou Isabel no passe espiritual.

Depois de vários passes distanciamo-nos ainda mais daquele lugar. Foi quando percebemos que dois espíritos se aproximaram de nós.

Eram Feliciano e Carlos que carregavam Lívia em uma de suas macas.

Naquele momento, Sócrates empunhou sua espada para nos defender. Ao perceber que não estávamos sozinhos, os moribundos afastaram-se rapidamente.

A escuridão era total.

– Venham, tragam ela. – disse Isabel ao sentar-se para que a cabeça de Lívia pudesse ser repousada em seu colo.

– Coloquem a convalescida aqui. – disse.

Feliciano e Carlos seguiram as orientações de Isabel e colocaram a maca no chão.

O lugar era um pouco melhor. Estava mais limpo e havia alguma claridade.

Após colocar Lívia no colo de Isabel, Walmir sentou e começou a chorar.

O SUICÍDIO DE ANA

– O que eu fiz? – dizia ele se questionava.

Naquele momento, Alexandre se aproximou e sentou ao seu lado. Lucas e eu estávamos de pé em frente a todos.

– Não fique assim, vamos esperar que Isabel introduza a primeira medicação, para que Lívia possa nos reconhecer e, finalmente, conversar conosco. Fique calmo, Walmir.

– Eu amei tanto essa mulher...

– O amor é o único sentimento que trazemos para a vida espiritual. – disse Lucas.

– Eu preciso saber o que houve e o porquê dela ter feito isso. Eu as deixei bem, em um bom apartamento, com uma boa poupança. Eu tinha feito um seguro de vida, deixei tudo para elas. Sempre fui precavido.

– Às vezes, achamos que 'tudo' é deixar coisas materiais, e estamos enganados quando pensamos assim, meu amigo.

– É verdade, Lucas, mas eu também sempre me preocupei em espiritualizar-me. Sempre frequentei os centros espíritas e lia muitos livros buscando compreender-me. Eu sempre estudei o espiritismo e encontrei nessa religião todas as respostas para os meus questionamentos, mas infelizmente, a minha mulher e a minha filha nunca quiseram saber disso.

– Você fez a coisa certa, Walmir, e por ter feito essa escolha e por ter se dedicado a ela, é que você está aqui conosco agora para resgatá-la. Você fez uma excelente escolha, não tenha dúvida disso, Walmir. – disse Lucas.

152

– O que será de Lívia agora, Lucas?

– Vamos esperar até ela acordar, tenha calma.

Naquele momento, todo o corpo de Isabel transformou-se em um grande farol. Ela irradiava luz por todo o corpo. A energia atingia o corpo inteiro de Lívia, que começava a dar sinais de melhora.

Foi quando Feliciano e Carlos aproximaram-se dela com uma das macas, e a colocaram nela, novamente.

– Senhores, vamos sair desse lugar. – disse Alexandre, começando a caminhar para sairmos da Vila. – Precisamos sair daqui imediatamente. Há obsessores vindo em nossa direção.

– Certo. Vamos logo, pessoal. – disse Aramis.

– Vamos amigos! – disse Sócrates em voz alta.

Lucas aproximou-se de mim e disse bem baixinho:

– Fique atento a tudo agora.

– Pode deixar, Lucas.

Rapidamente, nos preparamos e deixamos aquele lugar.

Após uma hora de caminhada, paramos para descansar um pouco, e tudo parecia estar melhor.

Walmir acariciava Lívia deitada na maca. Ela ainda estava inconsciente, mas seu estado geral era bem melhor, e sua aparência havia melhorado muito.

O SUICÍDIO DE ANA

Alguns minutos passaram-se até que Lívia acordou ainda muito fraca. Ela tentou levantar-se, mas logo foi impedida por Isabel.

– Fique deitada, Lívia.

– Onde estou?

– Você está conosco, Lívia. – disse Walmir, emocionado ao seu lado.

– Walmir? — disse espantada.

– Sim, meu amor, estou aqui com você.

– Meu Deus! Felizmente as minhas preces foram atendidas.

Lívia esforçou-se para se sentar na maca e abraçar Walmir.

Foi quando nos aproximamos e nos sentamos ao seu lado.

Lívia olhou para cada um de nós com ternura.

– Obrigada a todos vocês por me salvarem. Eu precisava mesmo de ajuda.

Alexandre sentou-se ao lado da maca para conversar melhor com ela.

– Como se sente, Lívia?

– Estou bem, o meu corpo não dói mais. Vocês me deram algum remédio?

– Sim. – disse Isabel.

– Obrigada, menina.

– Eu posso te fazer algumas perguntas, Lívia? – quis saber Alexandre sentado ao lado dela.

– Sim, claro. Qual é o seu nome?

– Alexandre.

– Pode perguntar o que quiser, rapaz.

Lívia realmente parecia estar bem melhor, a cada minuto sua aparência se modificava, ficando ainda melhor.

– Quais são as suas primeiras impressões ao verificar-se desencarnada?

– Qual é o seu nome?

– Alexandre, eu já disse.

– Alexandre, perdoe-me, pois ainda estou um pouco confusa, mas irei te responder.

– Quer um pouco de água?

– Você tem?

– Sim, temos.

Naquele momento, Aramis aproxima-se dela e oferece o seu cantil com água fresca.

Lívia pega o cantil ainda trêmula e bebe uma boa quantidade de água.

– Obrigada! – disse Lívia.

– De nada, senhora.

– Meu rapaz, agora estou preparada para te responder.

– Sou 'todo ouvidos'.

Naquele momento, Lívia olhou novamente para todos nós e começou a responder para Alexandre. O seu olhar era terno, e a sua pele clara irradiava luz, a qual refletia em todos nós.

– Meu rapaz, ao lado de terrível sofrimento, um remorso indefinível tomou conta de mim, assim que me dei conta de que eu não estava morta. Eu podia ouvir os lamentos dos meus pais, dos meus amigos, e de todas as pessoas que realmente se importavam comigo. Confesso que nunca imaginei ser assim.

Eu jamais deveria ter feito o que fiz, tenho absoluta certeza disso. Não aconselho ninguém a fazê-lo.

– Quais foram suas impressões da morte?

– A primeira grande surpresa que tive foi me ver viva ao lado do meu corpo morto sobre a cama do meu quarto. Quando me encontraram morta, tive um grande dissabor ao ver que, na verdade, eu não havia morrido assim como eu queria quando ingeri todos aqueles remédios.

Quando os funcionários do carro funerário pegaram o meu corpo imóvel, eu tentei ficar no meu apartamento, mas não consegui, pois fui arrastada junto com o meu corpo frio para algum lugar que eu confesso que nem sei como cheguei lá.

Eu tinha a impressão de que o meu corpo não me obedecia mais. Sentia em mim, um fenômeno de repercussão que não sei definir muito. Sentia todos os baques do corpo no veículo da funerária em correria, pude sentir o meu corpo ao ser lavado com uma mangueira de água fria no necrotério.

Eu chorava muito e quase enlouqueci ao ver como o meu corpo era tratado. Ainda mais eu, que sempre fui vaidosa, virei um verdadeiro trapo sujo nas mãos de alguns homens que vestiam o meu corpo após a necropsia.

Eu parecia um animal após ser abatido em um abatedouro. Eu sofri muito assistindo a tudo aquilo. As cenas ficaram vivas em mim por muito tempo.

Depois de poucas horas, notei que alguém carregava o meu corpo para a mesa de exames, e eu estava totalmente nua e morria de vergonha. Porém, a vergonha fundiu-se ao terror que passei a experimentar ao ver três rapazes abrirem o meu ventre sem nenhuma piedade. A lâmina afiada do bisturi partiu o meu tórax ao meio.

Não satisfeitos, eles usaram uma serra para cortar os meus ossos, e eu fiquei como uma porca aberta com todos os meus órgãos jogados para a lateral do meu corpo, enquanto eles buscavam algum sinal que eu não sei se encontraram.

Confesso a vocês que eu não sei o que doía mais em mim, se a dignidade feminina, ou se a dor indescritível que percorria todo o meu corpo frio e espedaçado pelos instrumentos que cortavam a minha carne sem dó.

O SUICÍDIO DE ANA

Quando os golpes do instrumento cortante rasgavam a carne, eu sofria como se estivessem fatiando o meu corpo em um matadouro. Como se eu fosse esquartejada a sangue-frio.

Naquele instante, Lívia pede uma pausa e chora em silêncio.

Todos nós respeitamos o seu momento de dor.

Após alguns minutos, ela prossegue:

– Mas, o martírio não ficou somente nesse ponto, porque horas antes, eu que estava no conforto do meu luxuoso apartamento, tive que aguentar difíceis duchas de água fria nas minhas vísceras expostas, como se eu fosse um animal...

Foi então que clamei a Deus por socorro, mas ninguém me escutava, e ninguém me via ou ouvia. Chamei, gritei, implorei pelo meu anjo da guarda, que nunca apareceu e nem sei se existe.

– Você recorreu a alguma prece?

– Sim, mas orava à maneira dos desesperados, sem qualquer noção de Deus. Durante toda a minha vida, eu nunca me preocupei com essas coisas de Deus. Eu deveria ter ouvido o Walmir.

Na verdade, eu me encontrava em franco delírio. Eu estava muito atormentada por dores físicas e morais que jamais esquecerei. Além disso, para salvar o corpo que eu mesma destruíra com o suicídio, a oração era um recurso que se lançava muito tarde.

– Você não encontrou ninguém quando chegou aqui?

– Eu não cheguei aqui após a minha morte. Primeiro, eu assisti ao meu próprio enterro com um terror que jamais esquecerei, pois não há espíritos benfeitores no cemitério, muito menos no meu enterro. Não havia nada que prestasse naquele dia. Eu assisti a tudo muito assustada.

Eu demorei um pouco para ser tragada por esse lugar, sim, porque eu fui sugada para esse imenso lamaçal, donde não conseguia sequer me mexer. Esse lugar fétido me consumia todos os dias.

Eu fiquei alguns meses presa ao meu corpo físico que apodrecia no cemitério. Eu podia sentir os vermes que comiam as partes podres, mas eu não conseguia me distanciar de mim mesma, pois eu estava acorrentada ao meu corpo, o qual era consumido aos poucos.

Sentia-me fraca a cada dia, faminta e com muita sede. Eu era aterrorizada por alguns espíritos que habitavam o cemitério em que fui enterrada, e eles eram alimentados por pessoas que se quer sabiam o que estavam fazendo.

Tentei, por diversas vezes, comer as oferendas que eram depositadas no cruzeiro, sem sucesso, aqueles malditos vampiros sequer permitiam que eu me aproximasse das comidas e das bebidas.

Fui atormentada por vários espíritos que me recriminavam por ter cometido o suicídio. Esses apareciam e sumiam sem dei-

O SUICÍDIO DE ANA

xar vestígios. Eles me xingavam e mexiam com todos os meus sentimentos, e as ofensas eram terríveis.

– Por que você cometeu o suicídio?

– Após a separação do Walmir, eu me envolvi com a pessoa errada, aliás, aproveito para pedir perdão ao Walmir pelo que fiz.

Eu troquei você, Walmir, pela pessoa errada. Ele era possessivo, agressivo, dominador e mau-caráter, mas eu estava apaixonada e deixei me levar por sentimentos infantis.

Ele me afastou de Ana, a única coisa que eu tinha. Roubou todo o meu dinheiro, destruiu a minha vida e a vida da minha filha...

Até que ela desistiu de viver.

Walmir dá um salto.

– Desistiu de viver? Como assim, Lívia? Quem desistiu de viver? – perguntou aflito.

– Ana se suicidou, Walmir. Três anos antes de mim. Sinceramente, quando a minha filha desistiu da vida, ali chegou a minha sentença, ali terminou também toda a minha vontade de viver.

Mas, estou arrependida, e espero poder ajudar a minha doce Ana.

– Meu Deus! Cadê a minha filha? Onde está o meu amor? O que você fez, Lívia? – dizia Walmir desesperado.

– Calma, Walmir, tenha calma. – disse Isabel se aproximando.

– Como assim, ficar calmo? Onde está a minha filha? Suicídio?

– Nós estamos aqui para buscá-la, Walmir. – disse Lucas. – Tenha calma.

– Onde ela está, Lucas? Eu preciso salvá-la.

– Ela está próxima de nós, tenha calma.

– Meu Deus, o que você fez, Lívia? O que você fez para a minha filha? Vocês nunca se deram bem, mas deixar que a Ana cometesse tal disparate, isso é o fim.

– Eu lamento muito, Walmir, perdoe-me. – disse Lívia em lágrimas.

– Perdoar? Eu?

– Sim, foi pela morte de Ana que eu cometi o suicídio. Eu não suportava os olhares, a sua ausência... a minha vida perdeu o sentido quando a nossa filha morreu.

– Será que foi por isso mesmo? Será que não foi por ter perdido tudo para um pilantra? Afinal, vocês se odiavam. Você e a Ana nunca se deram bem, e você nunca se esforçou para mudar isso. O tanto que eu pedi a você, o tanto que eu falei para você tratar melhor a nossa filha, e olha o que aconteceu? E agora? Esse desgraçado... o que ele fez para a minha filha?

– Ele já não estava mais na minha vida quando a Ana cometeu o suicídio. Na verdade, eu me matei para parar de sofrer. Eu sempre me culpei pela morte da nossa filha. Sofri por muitos anos pagando pelo meu erro. O fato de não nos darmos bem, não quer dizer que fiquei feliz com a morte dela, pelo contrário, a minha vida acabou quando Ana se jogou pela janela.

– Se jogou... meu Deus! – disse Walmir em prantos.

– Tenham calma, nós vamos encontrar a Ana e tudo poderá ser esclarecido. – disse Alexandre tentando acalmar a todos.

– Quando começaremos a procurar pela minha filha, Alexandre?

– Nós vamos até o Posto de socorro para deixar a Lívia, e voltaremos para procurar por Ana, tenha calma, Walmir.

– Vamos logo, senhores, por favor! – disse Walmir levantando-se e afastando-se de nós.

– Perdoem-me pelo que fiz.

– Nós não temos que te perdoar, Lívia. Tenha calma, agora tudo lhe será esclarecido e, em breve, você poderá reencontrar-se com a Ana, e tudo ficará bem. – disse Isabel.

– O que fiz, Deus? O que fiz com a minha família... – lamentava Lívia em lágrimas.

Lucas aproximou-se de Lívia, pegou em suas mãos e disse:

– Minha irmã, o tempo do erro já passou, agora é recomeçar.

– Obrigada meu jovem.

Lucas sorriu carinhosamente para Lívia.

Nos arrumamos e levantamos para seguir em frente. Após os maqueiros pegarem a Lívia, e todos se acalmarem, seguimos em direção ao Posto de socorro.

O ambiente estava pesado demais, pois Walmir estava muito triste, na verdade, todos nós estávamos transtornados com a morte de Ana.

Como assim, se jogou da janela?

Onde estaria Ana?

Tão jovem...

Por que dois suicídios na mesma família? Na mesma encarnação? Duas mulheres, mãe e filha... o que teriam os espíritos a me revelar?

Permaneci calado e acompanhando a todos... até que chegamos ao Pronto-socorro.

> *Eis que o grande segredo da vida é, amando a vida, saber preparar-se para a morte na hora certa, determinada por Deus, porque o suicídio golpeia a alma de quem o pratica, 'não resolve as angústias de ninguém'. Entremos, pois, apenas no correto tempo, no tempo certo, na vida eterna!*

Lucas

Dra. Raquel

Logo que chegamos, os enfermeiros Feliciano e Carlos levaram Lívia para uma enfermaria, pois ela precisava se restabelecer para, quem sabe, ser levada para uma Colônia Espiritual.

Lívia estava muito triste com tudo o que havia revelado para todos nós.

Nos sentamos na sala de reuniões para descansar um pouco e nos refazer dos acontecimentos que deixaram a todos muito preocupados, afinal, onde estaria Ana?

Sentados a mesma mesa de reunião em que havíamos começado essa missão, permanecíamos calados, até que Gilberto adentra a sala nos cumprimentando.

– Boas tardes, amigos!

Todos permanecemos calados.

Havia algo que eu ainda não compreendia naquele instante.

– Trouxeram a Lívia, Alexandre?

– Sim, Gilberto. Eu a deixei na enfermaria de número 04. Está aos cuidados de Isabel.

– Perfeito, agora vamos cuidar dela e, muito em breve, vocês poderão revê-la.

O SUICÍDIO DE ANA

– Onde está a minha filha, Gilberto?

– Não tenho precisão do lugar em que ela se encontra, Walmir, mas vocês poderão ir buscá-la, o resgate dela está autorizado.

– Estou muito triste com tudo isso, Gilberto.

– Não fique, Walmir, o importante é que você tem a permissão para resgatá-la, e isso é muito bom!

– Eu sei, sou grato a essa oportunidade. O que me deixa muito triste e chateado é que nada disso estava nos meus planos, eu nunca imaginei que elas pudessem fazer isso com a vida delas. Eu deixei tudo organizado, embora eu não estivesse esperando pela minha morte.

– Deixe-me te explicar uma coisa, Walmir, posso?

– Sim, claro.

– Em algum momento de desespero na vida, todos já flertaram com o suicídio. Ele é um ato consciente, visto como a única solução para resolver uma dor psicológica insuportável. E isso não é novidade.

Durante a vida na encarnação, ou melhor, na história da humanidade, há milhares de registros sobre o comportamento suicida em todas as épocas.

No antigo Egito, há registros do desespero de alguns que preferiram deixar a vida de forma trágica. Na Grécia antiga, existem vários relatos sobre o suicídio, já nessa época, o suicídio era considerado como um ato injusto.

Os suicidas eram arrastados pelas ruas das cidades e enterrados em lugares muito distantes de onde eram enterradas as pessoas 'comuns'. Falava-se que esses espíritos não mereciam ser enterrados em territórios santos, você sabia disso?

– Não, Gilberto.

Enquanto isso, eu ouvia e anotava tudo silenciosamente.

Gilberto prosseguiu:

– O que você precisa saber e conhecer, Walmir, aliás, não só você, mas todos os que estão lendo essa obra, pela qual o nosso nobre amigo está atento a escrever, é que a adolescência é um período de muitas transformações psicológicas e biológicas que podem gerar muitos sofrimentos.

Para o adolescente, cada problema sem solução gera um grande sofrimento, aproximando-o do comportamento suicida.

O comportamento suicida em um adolescente é determinado, na maioria das vezes, pelas condições de vulnerabilidade social, individual e programáticas.

Ana viveu tudo isso...

– Meu Deus, cuida da minha filha. – disse Walmir, deixando correr algumas lágrimas em seu rosto.

– Os pais e os envolvidos com os adolescentes precisam discutir sobre o assunto com as pessoas envolvidas no cuidado e, principalmente, na educação dessa faixa etária. Falar sobre isso

O SUICÍDIO DE ANA

é muito importante para que o adolescente não se sinta sozinho. Vale mais prevenir do que sofrer por não ter tentado ajudar.

Eu convidei um amigo para esse encontro, posso chamá-lo?

– Quem, Gilberto?

– O Norberto, Alexandre.

– O Norberto que trabalha na recuperação?

– Sim, ele mesmo.

– Vamos ouvi-lo. – disse Lucas.

Alexandre levanta-se e deixa a sala.

Passados alguns minutos, ele volta trazendo ao seu lado um rapaz de aparência bem jovem.

– Seja bem-vindo, Norberto! – disse Gilberto, levantando-se para cumprimentar o rapaz que acabara de chegar.

– É um prazer para mim poder falar sobre a minha experiência, Gilberto.

– Sente-se, meu rapaz.

Norberto aparenta uns 20 anos. É negro, traz consigo uma barba muito bem-feita, e olhos castanhos, que confesso que jamais esquecerei.

Ele estava vestido com uma roupa na cor verde-claro. Uma calça e um jaleco. Nos pés, usava uma sapatilha branca.

Estávamos Lucas, Walmir, Alexandre, Gilberto e eu, todos concentrados e esperando o Norberto começar a contar sobre a sua vida.

Os guardiões tinham ficado do lado de fora do Pronto-socorro.

Feliciano e Carlos levaram a Lívia para a enfermaria, e ainda não tinham voltado.

– Norberto, você pode relatar a sua experiência para nós?

– Sim, claro, Gilberto.

Senhores, eu me chamo Norberto, tenho 30 anos, e estou na vida espiritual há, aproximadamente, 3 anos, ou seja, pouco tempo.

Contarei a vocês um pouco sobre mim. A minha história tem auxiliado a muitos irmãos que chegam aqui trazidos das regiões de sofrimento durante o processo de conscientização.

Tudo começou quando eu tinha 15 anos de idade, eu era um bom filho, bom amigo, e muito querido por todos. E era, antes de tudo, um ótimo aluno e muito dedicado aos estudos. Todos me admiravam muito por eu ser um jovem 'perfeito'.

Entretanto, em meio aos adjetivos, eu sentia uma tristeza profunda, que era imperceptível por todos os amigos e familiares.

Esse sentimento teve início quando eu comecei a perder a esperança, eu achava que nada mais valia a pena, que eu já tinha vivido tudo e que a vida não tinha mais graça.

O SUICÍDIO DE ANA

A primeira coisa que eu fiz foi me isolar da família, depois dos amigos e dos colegas.

Passei então, a não me alimentar direito.

Havia alguns picos de alegria em meio a toda aquela tristeza que havia em meu coração.

Eu comecei a ficar depressivo e muito triste, mas, mesmo assim, eu tinha meus momentos de euforia.

Comecei a me trancar em meu pequeno quarto, vivendo um isolamento depressivo. E ao mesmo tempo em que eu estava muito triste, às vezes, amanhecia num dia rapidamente feliz.

Minha mãe, meu pai e meus irmãos logo perceberam que havia algo errado comigo, e buscaram me ajudar oferecendo a mim um tratamento para a depressão.

Foi quando eu tentei o suicídio. A partir daí, a ajuda profissional foi intensificada, com atendimentos em psiquiatras e psicólogos.

O apoio da família, dos amigos, da escola e a fé, através do evangelho no lar, foram fundamentais e eu voltei a ver o quanto a vida é legal, que aquilo que parecia não ter graça era justamente dar graça à vida.

Eu tentei me matar enforcado em meu próprio quarto. E quando se chega a esse ponto, só há duas opções: tentar cometer o ato novamente ou buscar pela recuperação.

"Eu escolhi a segunda opção, e resgatei a minha vida".

OSMAR BARBOSA

Quando decidi pela vida, comecei a reagir positivamente. A minha melhora foi rápida. Fiquei algum tempo ainda com os tratamentos psicológicos e psiquiátricos até que, finalmente, consegui terminar os meus estudos e me formar em uma universidade.

Eis que chegou o momento do meu desencarne, e agora, estou aqui.

– Qual é a sua função aqui no Pronto-socorro, Norberto? – perguntei.

– Recepciono os jovens que são resgatados das regiões de sofrimento, principalmente, os que cometeram o suicídio e vieram do Vale da Morte e do Vale dos Suicidas.

Auxilio-os a se compreenderem como são, e os encaminho para as Colônias de origem. Sou muito grato por essa oportunidade, e feliz por não ter tirado a minha própria vida.

– Mas, você desencarnou ainda jovem?

– Não, eu aparento ser jovem, mas desencarnei com 58 anos.

– Você é feliz com o que faz aqui?

– Muito, sou e serei eternamente grato por essa oportunidade.

– Anotou tudo direitinho, Osmar?

– Sim, Gilberto.

Naquele momento, Norberto se levanta, cumprimenta cada um de nós com um aperto de mão e nos deixa.

O SUICÍDIO DE ANA

– Eu tenho um outro convidado para falar com vocês, pode ser?

– Sim, Gilberto. – disse Walmir.

Todos concordamos com um aceno de cabeça.

Naquele instante, entrou em nossa sala, uma jovem muito simpática, que trazia no rosto um lindo sorriso.

Eu pude ler o seu nome no crachá que ela portava consigo: Raquel. Dra. Raquel.

Raquel é jovem, aparenta uns 25 anos.

Ela estava vestida com um jaleco branco e uma calça da mesma cor, e nos pés, uma sapatilha também branca.

Assim que chegou, cumprimentou-nos com um lindo sorriso, o qual nos encantou.

– Sente-se, Raquel. – disse Gilberto lhe apontando uma cadeira.

Gilberto então, pede a ela que se apresente para nós.

– Raquel, você já conhece a todos aqui, exceto o nosso amigo escritor.

– Qual é o seu nome? – disse ela.

– Osmar, me chamo Osmar.

– Seja bem-vindo, Osmar.

– Obrigado, Dra. Raquel.

– Não precisa me chamar de doutora, basta Raquel.

– Está bem.

– Raquel, eu gostaria que você falasse um pouco sobre o trabalho que você desenvolve aqui, e nos desse também algumas explicações sobre o suicídio. O nosso amigo está escrevendo um livro, e é importante que todos saibam um pouco mais sobre o tema.

– Com prazer, Gilberto.

Meu nome é Raquel, estou na vida espiritual há bastante tempo, e trabalho com pacientes resgatados das regiões de sofrimento, principalmente, os vitimados pelo suicídio, que chegam do Vale dos Suicidas.

– É você quem cuidará da Lívia? – perguntou Walmir.

– Sim, na verdade, ela já está sob os meus cuidados. Isabel e eu cuidaremos muito bem dela, pode ficar tranquilo, Walmir.

– Gratidão! Cuide dela para mim?

– Estamos cuidando, Walmir, pode deixar.

– Fale para todos sobre o suicídio, por favor, Raquel. – disse Lucas.

– Sim, o suicídio é um assunto complexo, delicado e, muitas vezes, considerado um tabu. É um assunto atrativo para filósofos, médicos, sociólogos, e muitos outros.

As pessoas que cometeram o suicídio, ao chegarem aqui, relataram para nós que o desespero beira o insuportável, e que a vida perde o sentido.

O SUICÍDIO DE ANA

Contudo, não existem explicações objetivas para o suicídio. Mas, precisamos falar sobre ele, pois tem sido cada vez mais, o motivo da morte dos que recebemos aqui em nosso posto de socorro. Eu sempre converso muito com esses pacientes para conscientizá-los do erro cometido.

– Por que as pessoas cometem o suicídio, Raquel? – perguntou Walmir.

– Destacam-se o alcoolismo, a depressão, a esquizofrenia, a dor crônica, as lesões que desfiguram o corpo, as condições clínicas incapacitantes, as questões psicológicas, as perdas, as síndromes e as questões obsessivas, além de algumas outras.

– Quem são as pessoas que tentam se matar, Raquel? – perguntei.

– O suicídio é visto, muitas vezes, como um ato de covardia, Osmar, mas, na realidade, trata-se de um sintoma perigoso de uma sociedade que evita falar e discutir abertamente sobre os problemas, como a depressão, a ansiedade e as síndromes, principalmente, a síndrome do pânico.

Quase a totalidade das pessoas que se matam ou que tentam se matar, sofrem com algum transtorno mental. Por outro lado, a maioria das pessoas que têm problemas do tipo, não tentam colocar um fim à própria vida. Logo, os distúrbios mentais têm sim, um papel fundamental em grande parte dos casos, mas o que realmente leva uma pessoa a cometer o suicídio, é uma combinação fatal de outras circunstâncias pessoais e adversas.

– Eu conheço pessoas com todos esses problemas, mas que não tentam se matar, Raquel, como explicar? – disse.

– Na realidade, não há um perfil definido de "suicida". Há a fragilidade emocional, que pode ser trabalhada com o apoio da família, amigos e, principalmente, de um especialista.

– Entendo.

– Osmar, existem duas variáveis: a primeira diz respeito à intencionalidade, ou seja, a consciência e a voluntariedade no planejamento e preparo do ato. A segunda, por sua vez, é sobre a letalidade. Ou melhor, o grau de prejuízo físico que a pessoa inflige.

Há casos em que a pessoa demonstra claramente a intenção de morrer com alto grau de letalidade, optando por um método "eficiente". E outros, a vontade de morrer é menos intensa, ou seja, apesar de voluntário, o método escolhido é menos prejudicial. Desta forma, há casos de atos realmente suicidas, e casos em que a pessoa só está implorando por socorro, pedindo para ser resgatada.

– Compreendo.

– Está anotando tudo, Osmar?

– Sim, Lucas.

– Preste muita atenção!

– Pode deixar. Eu posso te fazer outra pergunta, Raquel?

O SUICÍDIO DE ANA

– Sim, claro.

– Por que as pessoas tentam se matar?

– Osmar, por ser um ato completamente particular, justificar as razões que levam uma pessoa a tirar a própria vida é quase impossível. Cada caso é um caso.

Como relatei acima, há vários motivos para o suicídio, ou sua tentativa.

Cada indivíduo tem a sua própria história, suas angústias, frustrações, obsessões e dores.

Faz parte do pensamento encarnado cogitar a morte como uma saída para escapar do sofrimento, chamar a atenção, ou até mesmo, para ficar na história. Algumas pessoas, no entanto, resolvem continuar vivas e melhorar as suas condições de vida.

– Então, por que algumas pessoas desistem do suicídio e outras não?

– O comportamento suicida é composto por fatores biológicos, emocionais, socioculturais, obsessivos e até religiosos, que juntos, resultam em uma manifestação intensa contra si mesmo.

Há, ainda, causas imediatistas, tais como perder um emprego, um fracasso amoroso, uma derrota financeira, perder alguém muito querido, como marido, filhos, pais, amigos etc.

De modo geral, o suicídio é um ato que expressa dor, desesperança e desespero em relação à vida. Acontece quando o sofrimento atinge níveis insuportáveis e a morte se apresenta, muitas vezes, como a única saída capaz de colocar um fim a tanto sofrimento.

Porém, como você mesmo pôde ver, o suicídio é o maior causador de dor e sofrimento ao espírito. Há alguns irmãos que estão no Vale há mais de cem anos e, infelizmente, nada podemos fazer por eles... ainda.

– Tem alguma dica que você possa nos dar para percebermos quando alguém que amamos muito não esteja bem, e que pode até cometer o suicídio?

– Sim, algumas, e posso relatar a você.

– Obrigado, Raquel.

– De nada, vamos lá:

É comum que amigos e familiares de pessoas que tentaram se matar concebam o acontecimento como uma decisão repentina. No entanto, em grande parte dos casos, o suicídio é algo planejado.

A pessoa traça um plano. Ela pensa nessa possibilidade ao longo do tempo, antes de tomar uma decisão definitiva.

Por outro lado, a impulsividade é uma característica da personalidade que interfere na tomada de decisão. Há casos, por exemplo, em que a pessoa toma uma decisão imediata e precipitada. De modo geral, a maioria das pessoas que comete o suicídio dá pistas e sinais de aviso.

O SUICÍDIO DE ANA

É importante ressaltar que quem pretende cometer o ato, tende a se expressar – não de forma clara, mas dando a entender quais são as suas intenções.

Os familiares e amigos não estão conscientes do seu significado ou, quando estão, não sabem como lidar com a situação.

A intenção pode ser interpretada como um simples desabafo ou, até mesmo, como uma brincadeira.

Há alguns sinais de alerta que fazem parte do comportamento de quem está planejando se suicidar.

– Você pode nos dizer?

– Sim, a tristeza excessiva e o isolamento, a mudança drástica de humor, ausência de cuidados pessoais, alteração de comportamento, calma repentina, a procura emergencial de resolução de assuntos pendentes, e as ameaças de cometer o suicídio. Esses são os principais sinais.

– Obrigado, Raquel.

– Estamos aqui para ajudar, Osmar.

– Há mais alguma coisa que você queira falar, Raquel?

– Não, Gilberto, espero sinceramente que essa mensagem chegue a quem precisar. E que o nosso trabalho repercuta em todos os leitores do livro do nosso querido escritor.

Naquele momento, Raquel se levanta e cumprimenta-nos para deixar a sala. Ela se aproxima de mim e eu a agradeço pelo carinho e pelas informações importantíssimas que nos passou.

– Obrigado por suas palavras, Raquel.

– Siga em frente, Osmar.

– Gratidão!

– Osmar, agora você deve voltar para a sua casa e, em breve, o Lucas irá buscá-lo para continuarmos com a nossa missão.

– Certo, Gilberto.

Assim, me levantei e deixei o posto de socorro voltando para a minha vida encarnado.

Lucas me acompanhou e despediu-se de mim.

– Até breve, Osmar.

– Até, Lucas.

Os dias passaram...

"

A vida não pode ser interrompida por decisões impensadas.

"

Osmar Barbosa

OSMAR BARBOSA

Obsessores e Magos Negros

Passados dois dias, Lucas me procurou em meu escritório para darmos continuidade a essa psicografia.

Logo que ele chegou eu me lembrei que ele disse que iria falar mais sobre o poder dos obsessores e dos magos sobre nós.

Eu confesso que fiquei com algumas dúvidas sobre esse tema, e esperei a oportunidade certa para perguntar a ele sobre o poder dos obsessores e dos magos negros sobre um suicida.

Será que um obsessor é capaz de levar alguém a cometer um suicídio?

Será que implantes e magias podem realmente fazer com que alguém cometa o suicídio?

Tenho certeza de que essa pergunta não é só minha.

Estou no espiritismo há muitos anos, para ser mais preciso há, exatamente, 43 anos. E nunca obtive uma resposta satisfatória sobre o suicídio através da obsessão.

Não refutei a oportunidade.

Assim que o Lucas chegou eu fui direto ao assunto.

– Olá, Osmar, como vai?

– Estou muito bem, Lucas e você?

O SUICÍDIO DE ANA

– Estou bem. Vamos dar continuidade à psicografia?

– Sim, mas antes, eu posso te fazer uma pergunta?

– Como sempre, não é, Osmar?

– É que eu preciso aproveitar ao máximo essa oportunidade.

– Estou aqui para isso. Pode perguntar.

– Da última vez, você disse que falaria um pouco mais sobre os obsessores e os magos negros. Você disse que falaria também sobre a obsessão e o suicídio.

– Você quer falar sobre isso agora?

– Se for possível.

– Eu posso me sentar?

– Claro, perdoe-me por não ter te oferecido o lugar antes, Lucas.

– Sem problema.

Ao lado da minha mesa há uma cadeira para que os espíritos que escrevem livros comigo possam se sentar, isso quando não sou desdobrado e levado junto a eles para as Colônias, ou para os lugares onde escrevemos os nossos livros.

Lucas se sentou e começou a falar comigo.

– Osmar, é muito importante que todos vocês saibam que a obsessão se modernizou. Do mesmo modo que vocês estão em evolução, as técnicas obsessivas também estão, aliás, elas se modernizam a todo instante.

Os obsessores têm buscado informações com os técnicos das trevas e com os magos negros, com o intuito de saber o que eles fazem, como criam os aparelhos, *chips*, estacas, vírus, larvas etc., enfim, coletar dados que são úteis nos processos obsessivos.

Muitos desses aparelhos são extremamente sofisticados.

É muito importante que vocês saibam também de que forma eles são conectados a vocês, como são criados, quais os objetivos, os órgãos, e muito mais, inclusive, eu vou lhes alertar sobre as técnicas de aproximação utilizadas pelos obsessores para lhes conectar a tais aparelhos.

Em primeiro lugar, vocês precisam ter consciência que os obsessores ou os magos negros precisam pegar o nível de consciência visado. Em segundo, eles precisam fazer a implantação do aparelho, que varia de acordo com as intenções e a intelectualidade do obsessor. E, por fim, saber quando é que esses aparelhos começam, de fato, a funcionar nas suas vítimas.

Eu sei que o assunto desse livro não é sobre a obsessão, mas muitos ligam o suicídio ao poder obsessivo de um espírito, por isso, acho importante falarmos sobre o assunto e, assim, tirarmos todas as dúvidas sobre o tema. Lembrando que você é médium, e que não existem acasos em suas dúvidas e perguntas.

– Concordo plenamente, Lucas, e agradeço a oportunidade.

– Vamos em frente.

O SUICÍDIO DE ANA

Antes de tudo, vocês têm que saber que para um obsessor capturar o nível de consciência do obsidiado, ele precisa da ajuda de um Mago Negro.

São os Magos Negros que, conhecedores do poder de manipulação de energia, constroem "peias" magnéticas que funcionam como "gaiolas", onde a vítima, sem perceber, encontra em seu caminho.

Como os níveis de consciência vibram em diversas frequências, de certa forma, isso facilita para que se tornem presas fáceis para o obsessor. É como um farol, que seguindo em determinada direção, não tenha como desviar de outro farol que venha em sua direção. Como consequência, teremos um choque frontal, porque ambos não conseguem desviar.

Cada um de nós, Osmar, vibra em uma frequência diferente, é o que nos identifica como singulares perante todo o Universo.

– Compreendo, Lucas.

– É com base neste quesito que os obsessores conseguem concretizar seus objetivos.

Normalmente, quando escolhem o alvo, eles traçam um plano que varia de acordo com as intenções do obsessor.

– Sério, Lucas?

– Sério.

Existem milhares de possibilidades de um obsessor prejudicar sua vítima, e eu vou citar apenas duas. As mais usadas.

– Certo, Lucas. E, quais são?

– O desequilíbrio mental e o desequilíbrio físico.

– Meu Deus!

– Osmar, objetivando o desequilíbrio mental, existem inúmeras maneiras com resultados diferentes, porém, o principal é que o indivíduo obsidiado começa a ter perturbações de ordem mental, e cai em pouco tempo, em uma profunda depressão ou qualquer outro distúrbio psíquico. Em casos mais graves, há tendência ao suicídio. Mais à frente, eu falarei um pouco melhor sobre isso.

– Está bem, Lucas.

– Para que um obsessor tenha poder e conhecimento sobre algumas formas complexas de obsessão, é necessário aliar-se à terríveis instituições umbralinas.

São usados minúsculos aparelhos que são implantados no obsidiado, após conseguirem modificar o seu estado psíquico. Aparelhos como vírus orgânicos, por exemplo, são muito comuns nos dias atuais.

– Que aparelhos são esses, Lucas?

– Apesar de pequenos, são aparelhos extremamente potentes, e quanto mais a vítima recai, mais potentes eles ficam.

Quanto mais desequilibrada é a vítima, mais intenso fica o vírus. É preciso que haja, em primeiro lugar, simbiose para

O SUICÍDIO DE ANA

que o objetivo seja atingido, pois é algo que precisa de tempo para acontecer.

Nos desequilíbrios emocional ou físico, geralmente são conectados às vítimas aparelhos menos sofisticados, como o já conhecido "aparelho de rosca contrária", muito comum nos casos em que há queixas de "dor".

– Realmente, eu já ouvi falar sobre esse aparelho.

– Ele é muito comum entre vocês. Mas, como disse, os obsessores estão se modernizando.

– Eu acabei de receber um livro sobre o tema, Lucas.

– De quem?

– Do Caboclo Ventania.

– Sobre Deametria?

– Sim, ele está escrevendo comigo sobre essa técnica modernizada da desobsessão.

– Tudo tem que se modernizar, Osmar, até os processos desobsessivos precisam se atualizar para a melhor proteção de todos.

– Eu sou muito grato a todos vocês por tudo isso.

– Nós é quem agradecemos pelas oportunidades.

– Obrigado, Lucas.

– Vamos em frente.

Osmar, o que é extremamente importante relatar é que os obsessores, os magos negros, os especialistas trevais, e toda gama de espíritos malfazejos, só conseguem que o seu obsidiado cometa o suicídio, se a vítima deixar de ouvir o seu anjo guardião, o seu mentor espiritual ou protetor, como queira chamar.

Nós estamos no Universo para promover o equilíbrio entre todas as coisas. Nenhum obsessor tem livre acesso ao obsidiado sem passar por nós.

Para que um obsessor possa induzir a sua vítima ao suicídio, é necessário antes passar por nós, e isso é algo muito difícil.

– Quer dizer que a obsessão não leva ninguém à morte?

– Não é isso o que eu quero dizer. A obsessão só leva um espírito ao ato do suicídio se ele permitir, se ele aceitar, se ele insistir em não nos ouvir, pois faremos todo o possível para convencê-lo a desistir de tal ato.

– Vocês podem interferir nesses casos?

– Podemos revirar o mundo.

– Meu Deus!

– É Ele mesmo quem nos permite proteger, guiar, iluminar, conduzir, guardar, enfim, tudo... temos permissão total quando o assunto é suicídio.

– Quer dizer que nenhum obsessor consegue levar sua vítima ao suicídio?

– Somente se a vítima permitir. Aliás, qualquer obsessão só é concretizada caso a vítima permita.

O SUICÍDIO DE ANA

– Entendi.

– Nós fazemos e faremos de tudo sempre para que nenhum obsessor tenha êxito quando o assunto for o suicídio. Nós podemos quase tudo, Osmar, só não podemos matar, Deus não permite, é como está escrito, e matar não é apenas para os encarnados, pois aqui na vida espiritual também temos as nossas Leis e os nossos limites.

– Entendi, quer dizer que eu não tenho permissão para matar?

– Muito menos aqui, onde todos estamos conscientizados de que somos eternos. Não há morte em nenhum lugar do Universo, Osmar.

– Eu e os meus sentimentos humanos.

– Nada deixa de existir, Osmar.

– É muito bom saber que os obsessores não podem matar, Lucas.

– Ninguém pode ou deve matar, está escrito.

– Sim, compreendo perfeitamente.

– Osmar, você é único. Só você pode mudar tudo a sua volta. Nada está ao acaso. Se sofres, é porque escolhestes sofrer. Nada é eterno, tudo se modifica.

Às vezes, Deus vos conduz por estradas longas, mas não é para puni-los e, sim, para aperfeiçoá-los. Entenda isso!

"A dor de hoje é o pedaço que precisava ser tirado de você para tornar-se perfeito", Osmar.

Por isso, nunca desista, pois há sempre um novo dia pela frente.

– Obrigado, Lucas.

– Não agradeça, escreva.

– Sempre... Lucas.

Lucas deixou-me aquele dia.

Como é bom estar ao lado desses amigos espirituais...

> "
>
> *A dor de hoje aperfeiçoa o amanhã.*
>
> "
>
> *Lucas*

O resgate de Ana

Encontrei-me com o Lucas em uma manhã de sábado. Eu estava muito ansioso para terminar essa psicografia, afinal, onde estaria Ana? O que encontraríamos pela frente nesse resgate?

– Bom dia, Osmar.

– Bom dia, Lucas. Eu estava mesmo querendo te ver.

– O que houve?

– Estou ansioso para acompanhar o resgate de Ana.

– Tenha calma, pois tudo tem o tempo certo para acontecer.

– Até uma psicografia?

– Sim, até uma psicografia.

– Meu Deus!

– Ele mesmo, Osmar.

– O que houve, Lucas?

– O que houve, o quê?

– Por que não vamos logo buscar a menina?

– Estão preparando a Ana.

– Tem alguém com ela?

O SUICÍDIO DE ANA

– Sim.

– E é coisa boa?

– Não. Infelizmente, não.

– Então, como faremos?

– Venha, eu já recebi autorização para levá-lo.

– Você precisa de autorização para me levar?

– Sim. Eu entro e saio do Umbral quantas vezes eu precisar, mas você precisa ser preparado para isso.

– Não vou nem perguntar o por quê disso...

– Porque estamos em dimensões diferentes, é só isso.

– Ainda bem, ufa!

– O que você estava achando que era?

– Sei lá, Lucas. O mundo espiritual é uma caixinha de surpresas para mim.

– Para mim também.

– Não me venha com isso agora, Lucas.

– Eu também estou aprendendo, Osmar.

– Eu queria saber só um pouquinho do que você já sabe.

– Quem sabe quando você chegar aqui, você não se lembre de quem realmente você é, e o seu despertar lhe mostre que você sabe até mais do que eu?

192

– Sério?

– Quando o espírito está encarnado, o seu arquivo memorial está temporariamente suspenso.

– É, eu sei.

– Desencarnar é surpreendente, Osmar.

– Eu tenho certeza disso, Lucas. Acabei de escrever com você e a Nina o livro *A Vida Depois da Morte*.

– E o que você achou?

– Eu?

– Sim.

– Sinceramente?

– Sim.

– Eu achava que era assim... eu sempre acreditei no amor de Deus por mim, e sempre acreditei que a vida depois da morte seria ainda melhor do que a vida de encarnado. Aliás, eu gostaria de te agradecer pelo encontro que tive com o meu amigo de infância, o Fernando.

– Foi ele quem pediu, Osmar.

– Sério?

– Sim, vocês estão ligados por muitas vidas.

– Meu Deus!

– O que houve?

O SUICÍDIO DE ANA

– É incrível saber de tudo o que me espera na vida depois da vida.

– Você ainda não viu nada...

– Não fique me instigando, Lucas.

– Mas, eu não estou te chamando para vir para cá, pois você tem a sua programação e tem que cumpri-la.

– É isso, eu prefiro cumprir com a minha encarnação e, se for possível, adie um pouquinho a data do meu retorno, por favor.

– Morra com dignidade, Osmar.

– Ai, meu Deus!

– O que houve?

– Nada, Lucas.

– Venha, vamos ao resgate de Ana.

– Sim.

Naquele momento, Lucas me desdobrou e chegamos ao Posto de socorro do Umbral.

– Venha, Osmar.

Caminhamos por alguns minutos até chegarmos à porta de entrada.

Walmir estava sentado em um banco que fica na entrada da emergência.

– Olha, Lucas... o Walmir está logo ali.

– Sim, eu já vi. Vamos nos aproximar dele.

– Certo.

Caminhamos em direção ao Walmir. Ele estava cabisbaixo e reflexivo.

– Olá, Walmir. – disse Lucas.

– Olá, meus amigos.

– O que houve, Walmir?

– Eu não aguento mais esperar pelo resgate da minha doce Ana.

– Pois eu tenho uma boa notícia para te dar, Walmir.

– Diga, meu amigo Lucas.

– Eu fui convocado para ir junto com vocês buscar a sua filha.

– Meu Deus, até que enfim chegou o meu dia!.

– Como está a Lívia, Walmir?

– Foi levada para a Colônia.

– Qual Colônia? – perguntei.

– Amor e Caridade. A nossa querida mentora permitiu que ela fosse levada para lá. Acho que vamos nos encontrar.

– Que bom! – disse.

– E como ela está, Walmir?

– Está muito arrependida por tudo o que fez. Ela chora o tempo todo pela ausência de Ana, e não vê a hora de reencontrar com a nossa filha.

– Nós vamos buscá-la. Deixe-me entrar para falar com o Gilberto. – disse Lucas.

– Eu posso ir? – perguntou Walmir.

– Sim, venha, vamos ao encontro dele.

Entramos no Posto de socorro e dirigimo-nos à sala de Gilberto.

– Venham, vamos até a sala dele. – disse Lucas, caminhando em direção à diretoria.

Após caminharmos, finalmente chegamos sala da diretoria.

Lucas bateu suavemente à porta.

Foi quando ouvimos uma voz suave dizer: – entrem, rapazes!

Entramos eu o Lucas, e o Walmir e eu.

– Sentem-se, rapazes. – disse Gilberto, apontando para as cadeiras posicionadas em frente a sua mesa.

Sentamos e esperamos pelas instruções.

– Você recebeu o meu recado, Lucas?

– Sim, Gilberto.

– Estão todos prontos para buscar a menina?

– Sim, estamos. – disse Walmir, apressadamente.

– Senhores, o local onde Ana está é bem complicado. Vamos até a sala maior, onde alguns amigos nos esperam para juntos traçarmos o melhor caminho para todos.

– Sim, vamos. – disse Lucas se levantando.

Todos nós levantamos também, e seguimos com Gilberto até uma sala maior que fica nos fundos do Posto de socorro.

É uma sala separada do complexo de salas que compõem o Posto. Naquele dia, eu descobri que todos os postos de socorros têm uma sala como aquela. É o lugar onde ficam os guardiões.

Chegamos à sala e eu me surpreendi com a presença de vários deles. Havia cerca de 30 soldados, e todos estavam vestidos com roupas romanas. Eles portavam capacetes, escudos, espadas, lanças, e algumas armas as quais eu nunca tinha visto.

Assim que chegamos, todos se levantaram. Eles permaneceram de pé e perfilados esperando pelo Gilberto.

– Podem sentar. — disse Gilberto, dirigindo-se a um pequeno púlpito que havia no fundo da sala, onde eu pude ver também um quadro branco com um grande mapa de todo o Vale dos Suicidas.

Gilberto aproximou-se do quadro, e com uma varinha, a qual já estava sobre o púlpito a sua espera, ele começou a falar e a indicar o caminho pelo qual deveríamos percorrer para, finalmente, encontrarmos a Ana.

O SUICÍDIO DE ANA

– Senhores, esses são o Lucas, que todos vocês já conhecem, o Walmir, e o nosso escritor, o nome dele é Osmar. Agora, sentem-se, por favor.

Após todos se sentarem, Gilberto continuou com a sua apresentação.

– Eles serão as companhias de todos vocês nessa missão de resgate. E quem comandará esta missão é você Marcus.

Marcus é um soldado romano alto e forte, tem aproximadamente 30 anos, é forte e se veste diferente dos demais soldados. Sua roupa é branca e vermelha.

Ele usa uma bota, na cor marrom, que vai até os joelhos, e o restante da sua roupa é toda vermelha e branca. Sua espada é cravejada de brilhantes, que muito me impressionaram.

Gilberto começa a falar.

– Senhores, iremos resgatar uma irmã que foi capturada e escravizada por Milton. Como todos sabem, Milton é um poderosíssimo mago negro que vive nas profundezas do Vale da Morte. Já estivemos lá uma vez para buscar outro irmão.

Caso vocês recordem, travamos uma batalha que durou alguns dias até conseguirmos chegar ao nosso objetivo. Espero que dessa vez as coisas sejam mais fáceis.

Desejo-lhes uma boa-sorte, luz e sabedoria para que a tarefa a ser realizada seja de bom grado a todos nós. Sigam pela trilha norte até o objetivo. – disse Gilberto, indicando a trilha no mapa.

Marcus, deseja falar alguma coisa?

– Não, senhor.

– Vocês estão autorizados a seguir em frente.

– Obrigado, Gilberto. – disse Marcus.

Naquele momento, eu percebi que o que nos esperava não seria nada fácil.

Mais de 30 soldados para buscar uma única menina, como assim?

O que teríamos pela frente?

Quem seria Milton?

> "
> *Deus dá a seus melhores soldados as mais difíceis batalhas.*
> "
>
> *Frei Daniel*

Uma nova vida

Quando saímos da sala, já estava tudo pronto do lado de fora.

Havia vários cavalos e duas carroças daquelas que costumamos ver nos filmes romanos. Era tudo muito colorido, pareciam coisas de ciganos.

– Senhor, está tudo pronto. – disse um soldado, aproximando-se de nós.

– Subam em seus cavalos e vamos começar. – ordenou Marcus.

Lucas aproximou-se de mim e me puxou pelo braço para subirmos na primeira carroça que iria à frente.

– Venha, Osmar, suba aqui.

Subimos Lucas, Walmir e eu. Pálido e espantado, Walmir não falava nada.

Foi quando atrevi-me a fazer algumas perguntas ao Lucas.

A viagem começou lentamente.

Cerca de 10 homens iam a nossa frente. O restante estava organizado entre a nossa carroça e a carroça de trás.

– Lucas, para onde estamos indo?

– Você não viu no mapa?

O SUICÍDIO DE ANA

– Sim, eu vi o Gilberto mostrar um lugar chamado de 'profundezas'.

– Exato, na verdade, é como se fosse um bairro do Vale, entende?

– Sim, mas o que o diferencia dos demais lugares?

– É bem distante.

– Por que tantos soldados, Lucas?

– Porque o Milton possui muitos soldados também.

– Meu Deus, é perigoso lá, Lucas?

– Muito. Mas, fiquem tranquilos, pois os nossos soldados são os melhores.

– O que houve com a minha filha, Lucas?

– Ela foi capturada e escravizada pelo Milton.

– Ela está sofrendo?

– Qual escravo não sofre, meu amigo?

– Meu Deus, eu preciso salvar a minha filha.

– Estamos a caminho, Walmir, tenha calma, pois o pior já passou.

Walmir abaixou a cabeça como se fosse chorar.

Eu pude ver naquele pobre homem a dor de um pai desesperado em salvar a sua amada filha.

Lágrimas escorriam pela sua sofrida face, e eu nada podia fazer.

Como é doloroso o suicídio para os pais...

A carroça seguia pelas estradas enlameadas do Vale da Morte.

Todos estávamos em silêncio.

– Lucas?

– Sim, Osmar.

– Como um obsessor consegue capturar quem está aqui?

– Simbiose espiritual.

– Simbiose? Você pode explicar?

– Sim. Após alguns anos em sofrimento profundo no Vale dos Suicidas, Ana percebeu que poderia ajudar a ela mesma.

– E como ela fez isso?

– Ela percebeu que caso fosse aliada dos obsessores que vivem no Vale, ajudando-os a capturar espíritos e criando entre eles uma energia recíproca, ela conseguiria viver sem todo aquele sofrimento que carregava consigo. Porém, o que ela não sabia, é que mais uma vez tinha feito a pior escolha da sua vida.

– Meu Deus!

– Deixe-me te explicar o que é simbiose, ok?

– Sim, explique-me, por favor.

– Simbiose designa o processo pelo qual dois seres alimentam-se reciprocamente, e criam uma relação de codependência em que ambos são favorecidos.

O SUICÍDIO DE ANA

Na simbiose, a mistura entre os dois seres é tão grande que, muitas vezes, há uma certa perda de identidade, e um passa a manifestar-se como o outro. Eles se confundem e se perdem dentro das características daquele com quem se compartilha a simbiose.

– Que coisa horrível!

– Sim, a Ana já nem sabe mais quem ela é de fato. Perdeu totalmente as suas memórias e a sua personalidade. Essa é uma das especialidades dos Magos Negros.

– E como funciona a escravização aqui, Lucas?

– A escravização aqui funciona assim: O Mago Negro que detém muito conhecimento, provoca essa simbiose em sua vítima. Eu já te falei um pouco sobre isso.

– Sim, você me falou sobre isso.

– Agora, temos que nos concentrar em achá-la e capturá-la.

– Teremos que capturá-la?

– Sim, ela não tem consciência de quem realmente é.

– Meu Deus!

Walmir ouvia a tudo calado.

– Está tudo bem, Walmir?

– Agora eu compreendo, Lucas, o motivo de eu ter sido convidado a trabalhar na conscientização em Amor e Caridade.

Tudo isso que você está falando para o Osmar é material de estudos em meu setor. No local em que trabalho, dedico-me a auxiliar os espíritos que chegam trazidos da morte física. Somos especialistas neste assunto lá na Colônia.

– Nada está ao acaso, meu amigo. – disse Lucas.

– Nada mesmo. – disse Walmir.

– Quer dizer que mesmo sem perceber, você já era preparado para esses resgastes, Walmir?

– Eu não tenho mais nenhuma dúvida disso, escritor.

– Meu Deus!

– Vejam! Estamos nos aproximando do portal. – disse Lucas.

Um grande portal estava a nossa frente. Ele é feito de toras de madeira e está escrito nele:

"Profundezas"

A escuridão é total.

Os soldados, então, acendem algumas tochas para iluminar a nossa caminhada.

Eu estava sentado ao lado do cocheiro, que estava calado e atento a tudo ao nosso redor.

Os cavalos estavam em silêncio.

Na verdade, era tudo um enorme silêncio dentro de uma escuridão total e incompreensível.

O SUICÍDIO DE ANA

Após alguns minutos, começamos a ver uma pequena vila iluminada, localizada um pouco abaixo da estrada em que estávamos.

Todos param repentinamente.

Marcus aproxima-se de nós com o seu cavalo.

– Lucas, desça devagar e peça aos seus amigos para manterem o máximo de silêncio. Daqui em diante iremos caminhando.

– Certo. – disse Lucas, descendo da carroça e convidando-nos a descer com ele.

Descemos calados.

Eu estava com muito medo.

Walmir estava sereno.

Todos desceram de seus cavalos, e organizaram-se enfileirados uns ao lado dos outros.

– Venha, Lucas, fiquem ao meu lado. – disse Marcus, que seguia conosco atrás do primeiro grupo de soldados que iam à frente.

Caminhamos até chegarmos a um castelo negro. Ele era rodeado por um lamaçal, onde pude ver, mais uma vez, vários espíritos agonizando.

A cena não podia ser pior.

Eu vi alguns lobos negros que alimentavam-se de pedaços humanos, os quais eram arrancados dos espíritos vivos naquele lodaçal.

OSMAR BARBOSA

Foi quando o primeiro grupo de soldados deu início ao ataque àquela fortaleza.

Eles lançavam bolas de fogo que saíam de uma arma a qual continha duas rodas e uma alavanca. As bolas de fogo começaram a destruir as paredes daquele castelo negro.

De repente, alguns soldados começaram a atirar em nós. Eles lançavam pequenas flechas que, segundo Lucas, estavam envenenadas.

Estávamos um pouco distantes da primeira linha onde a batalha já havia iniciado.

Bolas de fogo para lá e lanças envenenadas para a nossa direção.

Os soldados se agrupavam e reiniciavam o ataque.

Foi quando ouvimos um som estridente vindo de um berrante.

Imediatamente, os nossos soldados pararam com o ataque.

Eu pude ver um homem, todo vestido de preto, tocar o berrante feito de chifre no alto do castelo.

O silêncio tomou conta do lugar.

– O que houve, Lucas?

– Um pedido de trégua.

– Eles pediram uma trégua, é isso?

– Sim, um deles virá até nós. Agora, temos que esperar.

O SUICÍDIO DE ANA

Os soldados que estavam próximos a nós, recuaram e posicionaram-se atrás de nós.

Marcus afastou-se e ficou ao lado de seus soldados.

– O que vai acontecer agora, Lucas?

– Temos que esperar, Walmir.

Ficamos esperando por cerca de dez minutos, até que o homem que tocava o berrante, abriu o portão do castelo e aproximou-se de Marcus.

Estávamos todos aguardando.

Um homem negro e muito alto aproximou-se de nós. Ele vestia uma roupa bem antiga, e usava uma capa que ia até os pés. Calçava uma bota preta a qual ia até os joelhos.

Os seus dentes eram de ouro, e a barba muito comprida. Ele era bem forte.

– Boas noites, Marcus!

– Boa noite.

– Por que nos ataca?

– Estamos em missão de resgate.

– Quem viestes buscar agora?

– A menina Ana.

– Ela é nossa escrava, está feliz com o que faz.

– Temos ordens expressas para levá-la para a nossa Colônia.

– Eu vou falar com o chefe, e volto com a resposta.

– Aguardaremos por pouco tempo.

– Tenha calma, não queremos guerrear com vocês. Eu já volto!

– O tempo da minha permanência aqui é pouco e vocês sabem disso.

– Eu já volto com a resposta do nosso chefe, Marcus.

– Não demore.

O homem afastou-se de nós.

– Você vai confiar no que ele disse, Marcus?

– Vou dar uma chance a eles, Lucas.

– Então, vamos mesmo esperar?

– Sim, mas apenas por cinco minutos. Soldados, posição de ataque! – ordenou Marcus.

Todos mobilizaram-se e, novamente, as linhas de ataque foram armadas.

Uma pequena fogueira foi acesa perto de nós. Algumas flechas foram posicionadas à beira dessa fogueira, e tudo era preparado para um ataque de flechas incandescentes.

Novamente, o berrante é tocado.

Todos os soldados se prepararam para a batalha.

– Osmar, fique dentro da carroça. – ordenou Lucas.

O SUICÍDIO DE ANA

Imediatamente, eu subi na carroça e me escondi em meio à lona que a cobria. Walmir estava ao meu lado, e tremia de medo naquele momento.

– Você está bem, Walmir?

– Estou com muito medo.

– Se você, que vive aqui na vida espiritual, está com medo, imagina eu.

– Eu sempre estudei sobre o Umbral, mas nunca tinha experimentado algo assim. Como é que a minha doce menina foi se meter nisso?

Naquele momento, escutamos um forte estrondo.

A parede lateral do castelo havia caído, e tudo o que havia dentro dele ficou exposto para nós.

Havia várias jaulas com animais horríveis. Algumas jaulas dependuradas tinham espíritos sofrendo.

Alguns estavam pendurados pelo pescoço. Eram muitos espíritos enforcados.

Foi quando um homem de, aproximadamente, dois metros de altura, saiu do castelo, e começou a caminhar em nossa direção.

Lucas olhou para nós e disse:

– Esse é o Milton.

Que figura horrível era aquela.

Cabelos longos e embolados. Roupa escura e ombreiras que o tornava maior e mais forte; uma capa que ia até os seus pés, e botas pretas até os joelhos, tinha os olhos vermelhos e uma barba enorme e toda embaraçada.

Na cabeça, uma cartola negra. Nas mãos, uma lança preta com detalhes em vermelho.

– Boa noite, Marcus!

– Viemos buscar a menina Ana.

– Calma homem, não podemos conversar?

– Não temos assunto com você, Milton.

– Mas, eu queria negociar a menina.

– Não temos negócios com obsessores.

– Eu não sou um obsessor, eu sou um Mago.

– Não importa. Viemos buscar a menina, e vamos levá-la a qualquer custo.

– Quem ordenou para que vocês viessem buscá-la?

– A nossa mentora.

– Catarina?

– Sim, ela mesma.

– Essa Catarina...

– Você vai nos entregá-la ou terei que ir lá dentro buscar por ela?

O SUICÍDIO DE ANA

– Você terá que ir lá dentro para buscá-la, pois ela não quer ir com vocês. Entretanto, não vamos nos intrometer. A decisão é dela, se ela quiser ir, podem pegá-la. Não vamos resistir.

– Pedro e Jonas, peguem a maca e vamos buscá-la. – disse Marcus.

– Certo, senhor. – disse Pedro.

Rapidamente, os soldados já estavam com a maca em mãos.

– Podemos ir?

– Fiquem à vontade, sintam-se em casa. – disse Milton, em tom de deboche.

Todos os soldados se prepararam para o pior.

Marcus, Pedro e Jonas já estavam prontos para ir, quando Lucas se aproximou.

– Você por aqui? – gritou Milton.

– Sou o representante de Catarina, tenho o poder dela em mim. Caso não nos atenda, vou ordenar a destruição de sua fortaleza e de todas as suas estruturas.

– Não precisamos brigar, Lucas. Você sabe que eu não convenço ninguém a viver comigo, são esses malditos espíritos que se suicidaram que pensam que encontrarão em mim, a paz que tanto precisam, é só isso.

– Eu conheço muito bem as suas técnicas, e os mecanismos que você utiliza para atrair esses pobres espíritos, Milton.

Nós viemos buscar a menina e vamos levá-la a qualquer custo.

– Lucas, meu amigo, eu não seria trouxa a ponto de desafiar Catarina. Entrem lá e peguem a menina.

– Eu preciso ir. – disse Walmir, pulando da carroça.

Venha, vamos logo.

Lucas, Walmir, Pedro, Jonas, Marcus e eu começamos a caminhar em direção ao castelo.

– Você ficará aí e irá esperar por nós. – ordenou Lucas a Milton.

– Sem problema, eu esperarei pelos senhores aqui.

Chegamos ao portão do lugar.

Vários obsessores se afastaram abrindo caminho para que pudéssemos chegar às jaulas que aprisionavam os espíritos.

Começamos a procurar por Ana.

Visitamos algumas celas, e não a encontramos.

Nas jaulas ela também não estava.

Até que chegamos a um quarto muito escuro, aquele lugar era a nossa última possibilidade.

Ali estava Ana.

Sentada no canto do quarto com o olhar perdido.

Ela tinha um grilhão em seu pescoço, que a mantinha presa àquele lugar.

Ana estava seminua. Seus cabelos iam até quase a cintura.

O SUICÍDIO DE ANA

Estava muito suja e maltratada.

– Minha filha! – gritou Walmir, pulando aos pés de Ana e lhe abraçando.

Ana não respondia a nada, parecia que estava dopada por alguma substância. Ficou estática, paralisada. Parecia uma demente.

– O que houve com ela, Lucas? Ela não responde a nada...

– Ela está sem pensamento. Vive como um objeto que não tem vontade própria, e sequer sabe quem é.

– O que houve com ela? – perguntou Walmir, mais uma vez.

– Ela é escrava. Escrava do Milton.

– Que covardia!

– Covardia foi ela ter tirado a própria vida. Agora, serve de objeto desses obsessores malditos. – disse Marcus.

Venham, vamos sair daqui.

Pedro retira o grilhão do pescoço de Ana.

Eu vi quando Walmir abraçou carinhosamente a sua filha, após cobri-la com uma capa dada por Jonas, para esconder a nudez da menina.

Saímos do castelo sob os olhares de reprovação daqueles malditos espíritos.

Aproximamo-nos de Milton, que nos aguardava perto da nossa caravana.

– Vejo que os senhores encontraram o meu brinquedinho.

– Esse 'brinquedinho' já não lhe pertence mais, Milton. – disse Marcus.

– Não tem problema, meu amigo, logo mais irei ao Vale procurar por outra diversão.

– Um dia, terás que pagar por todas as vítimas que fazes aqui, e nesse dia, irás implorar por nossa ajuda e pela misericórdia da nossa mentora. Não conte conosco nunca, Milton. – disse Lucas.

– Eu nunca precisei dos senhores. Estou aqui há alguns milhares de anos, e vejam tudo o que eu tenho, vejam como o meu castelo é lindo, como sou idolatrado pelos meus seguidores... achas mesmo que tudo isso será modificado um dia?

– Eu não acho não, eu tenho certeza, Milton. Um dia, você irá pagar cada centavo das dívidas que tens com a Criação.

– Até que esse dia chegue, eu viverei da melhor maneira possível, meus amigos.

– Vamos embora, Lucas, esse aí é tempo perdido. – disse Marcus.

– Sim, vamos.

– Até um dia, meus amigos. – disse Milton em tom irônico.

– Venham rapazes, vamos embora. – disse Marcus.

Saímos rapidamente daquele lugar.

O SUICÍDIO DE ANA

A viagem de volta foi rápida e segura.

Ana estava dormindo quando a entregamos aos cuidados de Isabel na enfermaria de número 3.

Após despedir-me de Marcus e de todos os soldados, voltei para a minha rotina de vida.

Os dias se passaram até que, novamente, Lucas levou-me à Colônia Espiritual Amor e Caridade.

– Venha, Osmar, a Nina quer falar com você.

Rapidamente, chegamos à sala de Nina, que fica na escola a qual ela administra na Colônia.

– Oi, Osmar!

– Oi, Nina.

– Que bom que você está aqui.

– Eu é que agradeço, Nina.

– Como foi o resgate de Ana?

– Foi incrível, realmente cada dia que passa aprendo ainda mais ao lado de vocês.

– A Ana passou muitos anos sofrendo no Vale dos Suicidas, até que o Walmir estivesse preparado para buscá-las, e também fosse o momento certo.

– É por isso que elas ficaram tanto tempo lá?

– Não, elas ficaram lá, porque mereceram ficar. O Walmir precisava estar preparado para o resgate, e tudo aconteceu como deveria acontecer.

– Sou grato a essas revelações, Nina.

– Nós também pela oportunidade, Osmar.

– E como eles estão agora?

– Eles, quem?

– Walmir, Ana, Lívia.

– Venha. – disse Nina se levantando.

Caminhamos dentro da escola até a área de recreação, onde as crianças brincam nos intervalos das aulas. Há uma parede de vidro que separa o auditório da área externa onde ficam as crianças.

Chegando lá, Nina convidou-me a olhar para fora através do vidro.

– Veja, Osmar.

– Estou vendo, há muitas crianças aqui, não é, Nina?

– Sim, temos mais de mil crianças em nossa escola hoje.

Você consegue ver aquela moça de azul brincando com aquele menino ali? – apontou Nina.

– Sim.

– Não a reconhece?

O SUICÍDIO DE ANA

– Não.

– É a Ana.

– Mas, ela está bem diferente.

– Ela não está diferente, ela só está viva e limpa. Quando vocês a encontraram, ela estava morta e suja.

– Nossa, como está diferente! – disse surpreso.

– Tudo se transforma para melhor, Osmar.

– Que bom vê-la assim. E o Walmir e a Lívia?

– Vire-se. – disse Nina.

Eu me virei rapidamente, e vi o Walmir abraçado a Lívia, sorrindo para mim.

Eles estavam bem diferentes também. Recuperados e lindos.

Sem nenhuma palavra, abraçamo-nos.

Lívia acariciou o meu rosto e me agradeceu por ter ido buscar a Ana junto com o Walmir. Ele me abraçou carinhosamente.

Nina sorria ao meu lado.

O Lucas, em algum momento, deixou-me, nem sei onde.

– Osmar, leve essa mensagem a todos, e diga que o suicídio não vale a pena. A dor que sentimos durou muitos anos, foram muitos anos perdidos longe daqueles que tanto amamos.

Tenham paciência.

Tenham amor.

O nosso Pai que tanto nos ama, nunca desampara os seus, o que experimentamos na carne, são pancadas que forjam o bom-caráter e o bom espírito. Mas, nada está ao acaso, e a vida tem que ser vivida da melhor forma possível.

– Eu é que agradeço a você, Lívia, por ter tido essa oportunidade. Eu espero, sinceramente, que as pessoas leiam esse livro, e que procurem por ajuda caso precisem de alguma coisa, caso sintam algo diferente em seus corações, caso não estejam bem.

Não guardem as dores, partilhem o sofrimento, não há nada que não possa ser feito. Existem muitos meios de ajudar a quem pensa em suicídio.

Não façam isso...

É muito doloroso...

– Eu sei, Osmar, o que eu sofri ao ver aqueles que amo sofrer também e, pior, não poder fazer nada, é muito triste, por isso, pensem em nós que estamos aqui na vida espiritual esperando por vocês, antes de fazer essa bobagem. – disse Walmir.

Nos abraçamos novamente.

Nina pede que todos deem as mãos e diz:

– "Meus amigos, o mais importante é o amor. Sem ele nada é possível, sem amar e ser amado somos apenas pedaços perdidos no grande oceano chamado vida".

– Obrigado, Nina.

– Osmar, leve essa mensagem a todos.

– Levarei. Obrigado por tudo, Nina.

– Fiquem com Deus...

Agradeci a todos eles e, após a despedida, voltei a minha humilde vida terrena, na certeza de que estou fazendo a minha parte, e seguro de que a melhor coisa que eu posso fazer é escrever esses livros, o que faço com muito amor e carinho.

Agradeço, todos os dias, às centenas de mensagens que recebo dos meus leitores relatando as mudanças que são promovidas em suas vidas, após a leitura das obras que a Nina e os demais espíritos permitem a mim psicografar.

Desta maneira, eu desejo ser um exemplo para todos vocês.

E tenham uma certeza...

Nada está ao acaso.

Se você está sofrendo, procure por ajuda, não sofra sozinho, pois "Deus tem um de seus anjos te esperando em algum lugar".

"Dedico esse livro a todas as pessoas que precisam ser ouvidas."

Osmar Barbosa

Outros títulos lançados por Osmar Barbosa

Conheça outros livros psicografados por Osmar Barbosa. Procure nas melhores livrarias do ramo ou pelos sites de vendas na internet.
Acesse
www.bookespirita.com.br

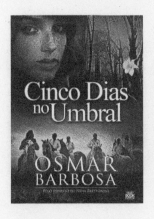  

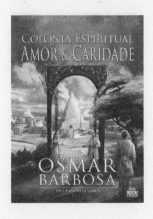  

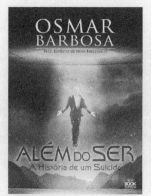

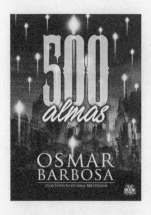

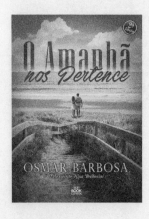

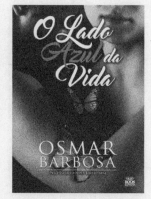

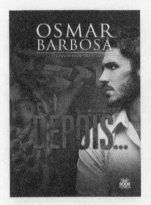

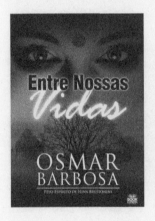
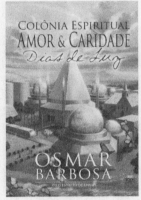
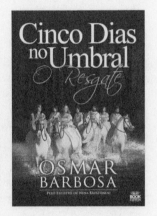

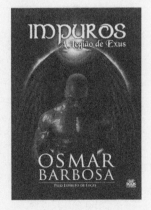

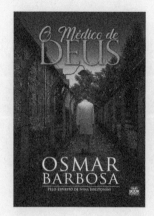

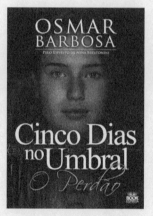

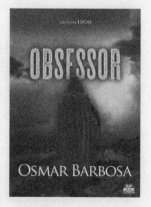

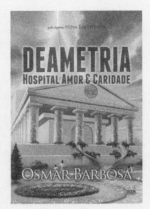

Esta obra foi composta na fonte Century751 No2 BT, corpo 13.
Rio de Janeiro, Brasil.